O PODER DA
ORAÇÃO
INTERCESSÓRIA

O Poder da
Oração Intercessória

O PODER DA ORAÇÃO INTERCESSÓRIA

Como Orar com Eficácia
Aprendendo a Orar a Sós e em Grupo
O Poder de Perseverar em Oração

DUTCH SHEETS

LAN
EDITORA

2ª impressão
Rio de Janeiro, 2014
www.edilan.com.br

O PODER DA ORAÇÃO INTERCESSÓRIA
© 2011 Editora Luz às Nações
Copyright © 2001 by Dutch Sheets, todos os direitos reservados

COORDENAÇÃO EDITORIAL	*Philip Murdoch*
TRADUÇÃO	*Maria Lucia Godde Cortez, Idiomas & Cia*
REVISÃO	*Silvia Calmon, Ana Lacerda, Mércia Padovani*
CAPA	*Heston Delgado*
PROJETO GRÁFICO E DIAGRAMAÇÃO	*Julio Fado*
IMPRESSÃO	*Sermográfica*

Originalmente publicado nos Estados Unidos, sob o título *The beginner's guide
to intercessory prayer*, de Dutch Sheets, por Regal Books - A Division of Gospel
Light Publications, Inc., Ventura, CA 93006, U.S.A. www.regalbooks.com

Publicado no Brasil por Editora Luz às Nações, Rua Rancharia, 62, parte —
Itanhangá — Rio de Janeiro, Brasil CEP: 22753-070. Tel. (21) 2490-2551 1ª
edição brasileira: junho de 2011. Todos os direitos reservados.

Salvo indicação em contrário, todas as citações bíblicas foram extraídas da Bíblia
Sagrada, Almeida Revista e Atualizada, Sociedade Bíblica do Brasil, © 1994.

CIP-BRASIL. CATALOGAÇÃO-NA-FONTE
SINDICATO NACIONAL DOS EDITORES DE LIVROS, RJ

S545p

Sheets, Dutch
 O poder da oração intercessória: como orar com eficácia, aprendendo
a orar a sós e em grupo, poder de perseverar em oração / Dutch Sheets;
[tradução Maria Lucia Godde Cortez]. - 1.ed. - Rio de Janeiro : Luz às
Nações, 2011.

 Tradução de: The beginner's guide to intercessory prayer
 ISBN 978-85-99858-30-1

 1. Oração - Cristianismo. I. Título.

11-2457.   CDD: 248.32
            CDU: 27-534-2

Sumário

A Prioridade da Intercessão

*L*embro-me de como era quando eu estava cortejando minha mulher, Ceci. Estava tão apaixonado por ela que o interesse em tudo o mais empalideceu comparado a isso. Eu pensava nela de manhã quando acordava, e ela continuava em minha mente à noite quando eu ia dormir.

Quando estávamos separados pela distância, eu ficava infeliz e lhe escrevia praticamente todos os dias. Quando o tempo de separação terminava e ficávamos juntos novamente, eu queria que ela estivesse sempre ao meu lado. A companhia dela era — e continua sendo — minha maior alegria na Terra.

Gosto de pensar nos meus momentos de oração como momentos em que estou cortejando Deus. Às vezes refiro-me a eles como visitas de oração — nas quais converso com Deus como faria com um membro da família ou com um amigo íntimo. Sem dúvida, passo mais tempo fazendo isso do que fazendo pedidos. O famoso versículo de Provérbios que diz: "Reconhece-o em todos os teus caminhos, e ele endireitará as tuas veredas" (Provérbios 3:6), poderia ser traduzido como "em tudo o que você corteja, busque primeiramente a intimidade com Ele". Em outras palavras, devemos cortejar Deus antes de cortejarmos pessoas, dinheiro, sucesso ou qualquer outra coisa que possamos buscar. Quando o fazemos, essa se torna a nossa maior motivação para orar.

Eis um exemplo impressionante do poder motivador do amor:

> Alvin Straight, um senhor de setenta e três anos de Laurens, Iowa, queria visitar seu irmão de oitenta anos que recentemente havia sofrido um derrame, em Blue River, Wisconsin. O único problema era que Alvin não tinha carteira de motorista devido à sua deficiência visual. Evidentemente, não querendo pegar um ônibus, trem, ou avião, ele precisou encontrar outra solução. Determinado a ver seu irmão em 1994, Alvin subiu em seu cortador de grama e dirigiu-o por várias centenas de quilômetros, um trajeto de várias semanas, até Blue River, Wisonsin.[1]

Que demonstração do poder do amor!

A motivação do Sr. Straight para fazer uma jornada como aquela foi encontrada no amor por seu irmão. Nós, também, estamos começando uma jornada, a jornada de aprender a interceder. Nossa motivação para orar também será encontrada no poder do amor. Como crentes em Jesus Cristo, fomos convidados a ter um relacionamento de amor com Deus como Pai e Amigo. Esse relacionamento é *a prioridade número 1 da intercessão*, e a nossa jornada precisa partir desse ponto.

Todos os nossos esforços cristãos, inclusive a oração, devem nascer da intimidade com Ele. Paulo disse aos Coríntios: "Mas receio que, assim como a serpente enganou a Eva com a sua astúcia, assim também seja corrompida a vossa mente e se aparte da simplicidade e pureza devidas a Cristo" (2 Coríntios 11:3).

A devoção, que é o nosso relacionamento com Cristo, não precisa ser complexa. A vida em si já pode nos deixar bastante assoberbados e a última coisa que precisamos é complicar a nossa caminhada com Deus. O relacionamento com Jesus precisa manter-se puro e simples. Apresentar a você qualquer faceta da oração sem deixar isso claro seria deixar você correr o risco de se frustrar e por fim fracassar. A nossa motivação para orar deve ser o relacionamento — a comunhão com Deus.

Enfatizo isso não apenas porque é verdade, mas também porque as nossas tendências e necessidades humanas às vezes fazem com que percamos este ponto de partida crucial na oração. Costumamos colocar "o carro na frente dos bois". Dos três possíveis motivos e pontos de partida para a oração — ter comunhão com Deus, as nossas necessidades e as necessidades dos outros — costumamos começar pelo segundo ou terceiro.

Entretanto, quando pediram a Jesus para ensinar Seus discípulos a orar, Ele não começou dizendo "provedor nosso, que estás no céu, generoso seja o Teu Nome". Ele também não nos encorajou a dizer "patrão nosso, que estás no céu, doador de tarefas seja o Teu Nome". Na verdade, Jesus resolveu a questão de uma vez por todas com a única oração modelo que nos deu quando nos instruiu a começarmos assim: "*Pai Nosso*" (ver Mateus 6:9).

Por que isso é tão importante? Porque nenhum relacionamento construído em torno da necessidade de "usar" outra pessoa pode se tornar duradouro e expressivo. Por outro lado, os relacionamentos amorosos construídos em torno da verdadeira comunhão e do prazer da amizade sempre resultam em servir um ao outro. Paulo disse que o seu amor a Deus, e não o dever ou a recompensa, o constrangia a servir a Deus (ver 2 Coríntios 5:14).

Conta-se a maravilhosa história de um casal que tinha grande amor um pelo outro.

Casados por mais de meio século, este casal tinha uma brincadeira especial que costumavam fazer desde a época em que se conheceram. O objetivo era escrever "voqeta" em um local surpresa para que o outro encontrasse.

"Voqeta" era escrito no açúcar e na farinha, na umidade das janelas, e no vapor deixado no espelho depois de um banho quente, onde a palavra reaparecia banho após banho. A certa altura, a mulher chegou a desenrolar o rolo inteiro de papel higiênico para escrever "voqeta" no último pedacinho. Pequenos bilhetes com "voqeta" eram encontrados no para-brisa, nos assentos do carro e no volante. Eram enfiados dentro dos sapatos e deixados debaixo dos travesseiros. "Voqeta" era escrito na poeira dos móveis e nas cinzas da lareira. Essa palavra misteriosa era tão parte da casa deles quanto a mobília.

Esse casal tinha um amor verdadeiro que era puro e duradouro. Mais que apenas um jogo de flerte, o amor profundo deles era um modo de vida cuja beleza inigualável dificilmente poderia ser sondada. O relacionamento deles baseava-se na devoção e no afeto apaixonado que nem todos experimentam. Qual era a mensagem que eles compartilhavam?

V-o-q-e-t-a: Veja o Quanto Eu Te Amo.[2]

Minha filha Hannah se aproximou de mim outro dia e disse: "Eu amo você, papai".

"Tudo bem, o que você quer?" perguntei brincando.

"Nada" disse ela. "Eu só queria dizer que amo você".

Meu coração se derreteu. Como qualquer bom pai, adoro agradar minha família provendo suas necessidades, mas nada se compara a ouvir que sou amado por nenhuma outra razão a não ser o fato de que sou amado.

Assim como brinquei com Hannah acusando-a de querer alguma coisa ao dizer que me amava, se nossa primeira motivação para orar for ter as nossas necessidades atendidas, a oração se tornará apenas uma maneira de "usar" Deus. Ele será uma *conveniência*, como a loja da esquina. A oração será uma técnica de sobrevivência, uma espécie de "190 celestial". Isso nunca resultará em uma vida de oração consistente e significativa. Assim como um relacionamento humano fundamentado e motivado na ideia de "o que é que eu levo nisso" no fim das contas fracassará, o mesmo acontecerá com nosso relacionamento com Deus, se ele for baseado nessa mesma mentalidade.

Do mesmo modo, se minha principal motivação para orar for interceder pelos outros, isso, também, finalmente fracassará como fator motivador. Este desejo de atender à necessidade que Deus tem de intercessores, assim como atender à necessidade das pessoas de intercessão, é nobre. Mas enquanto a primeira motivação se resume em "usar" Deus, essa por fim resultará em uma sensação totalmente desmotivante, de se sentir "usado". Isso levará a um relacionamento baseado no desempenho, ou, o que é pior, a um exercício religioso legalista, nenhum dos quais é um motivador positivo.

Se esse for o nosso ponto de partida, a oração se torna uma *obrigação*. Nós nos sentimos como assalariados, trabalhando e abrindo caminho para o céu através do nosso pagamento de sacrifício, cumprindo tarefas como cristãos obedientes que somos. Isso promove a crença errônea de que o único "muito bem" que um dia ouviremos, e o único prazer que receberemos, será na eternidade. Não é isso que o nosso Pai celestial deseja. A oração e a intercessão devem ter tudo a ver com amizade, relacionamento e parceria com o nosso maravilhoso Pai. Cada um de nós preferiria ser um parceiro do que um empregado.

Poucos dias antes dos discípulos receberem Dele sua maior comissão — "Vão pelo mundo todo e preguem o evangelho a todas as pessoas" (Marcos 16:15, NVI) — Jesus estabeleceu o tipo de relacionamento de trabalho que queria ter com eles: "Já não os chamo servos... Eu os tenho chamado amigos", disse Ele em João 15:15 (NVI).

Ele lembrou aos Seus seguidores que o maior mandamento de Deus foi que o amemos, e depois que amemos o nosso próximo como a nós mesmos (ver Mateus 22:37-39). Não porque Deus seja tão egoísta e egocêntrico que simplesmente queira ficar em primeiro lugar. Ao contrário, é para nos garantir que Ele deseja um relacionamento de amor conosco mais do que deseja as nossas boas obras. Também nos lembra de que todo sucesso e prazer na vida devem fluir do relacionamento com o nosso Criador, que é o doador da vida.

Em outra ocasião, Cristo lembrou a uma seguidora e amiga, Marta, que ter comunhão com Ele era mais importante do que servi-lo. Enquanto Marta estava na cozinha preparando uma refeição para Ele, sua irmã, Maria, havia escolhido o mais importante, ou, como diz a versão *NVI*, a "boa parte" de se sentar aos pés de Jesus, ouvindo-o (ver Lucas 10:38-42). A história a seguir é sobre uma mãe ocupada na cozinha e nos dá uma ilustração moderna similar:

Uma jovem mãe estava tentando fazer seu trabalho enquanto sua filhinha, Tracy, a observava. A mãe tinha farinha de pão nas mãos; a filha tinha tempo nas mãos. Tracy estava sem ideias para se distrair e agora estava dependendo de sua mãe para isso. A jovem mãe decidiu aproveitar essa oportunidade para contar uma história bíblica a Tracy. Fazendo isso, ela podia continuar a misturar a farinha de pão. Sua intenção era servir pão de canela quente e fresco no jantar. Ela escolheu a história bíblica de Maria e Marta, como relatada em Lucas 10:38-42. "Maria e Marta e seu irmão, Lázaro, convidaram Jesus para ir a casa deles para jantar", começou ela enquanto continuava fazendo pão de canela. Ela olhou para baixo e percebeu claramente que o que sua filha realmente queria era sua atenção completa. Ela queria contato, olho no olho. Ela queria que sua mãe a segurasse. Quando a mãe parou de amassar a farinha, Tracy olhou para cima. "A melhor parte — é isso que você quer de mim, não é?" ela perguntou. Tracy indicou com a cabeça que sim.[3]

Frequentemente, ficamos tão concentrados em concluir uma determinada tarefa que nos esquecemos do que é realmente importante: priorizarmos o nosso relacionamento com Deus, em primeiro lugar, e depois com aqueles a quem amamos. Através do apóstolo João, Jesus repreendeu suavemente o grupo de crentes que vivia em Éfeso (ver Apocalipse 2:1-7). Depois de elogiá-los pela sua fidelidade e boas obras, Jesus lembrou-lhes de que o seu relacionamento de amor com Ele era preeminente. Eles haviam "deixado o seu primeiro amor" e estavam correndo o risco dos resultados inevitáveis: decepção e diminuição da motivação. "Lembrem", acredito que Jesus estava dizendo a eles, "essas boas obras devem fluir de um relacionamento comigo, e não defini-lo ou substituí-lo".

Abraão, mencionado nas Escrituras como "amigo de Deus" (ver 2 Crônicas 20:7; Isaías 41:8; Tiago 2:23), foi um intercessor poderoso, o primeiro intercessor mencionado na Bíblia. Ele não era amigo de Deus porque era um intercessor; ele era um intercessor porque era amigo de Deus. A diferença pode ser sutil, mas eu lhe garanto que não é pequena. Por sinal, Abraão era bastante ousado na sua intercessão, fazendo perguntas a Deus do tipo: "Não fará justiça o Juiz de toda a terra?" (ver Gênesis 18:25).

Os relacionamentos íntimos geram este tipo de ousadia: não uma irreverência arrogante, mas uma ousadia confiante que elimina o medo da rejeição de ser mal compreendido. Quando preciso de um favor, peço a um amigo ou a um membro da família, e não a um estranho. Se estiver dentro das possibilidades daquela pessoa me ajudar, ela o faz. Deus quer que tenhamos tanta intimidade com Ele que isso gere uma intercessão ousada, confiante e eficaz. Desejo desesperadamente que você possa experimentar esse tipo de intimidade no seu relacionamento com Deus.

Nossa amizade com Deus é retratada na Bíblia por uma famosa montanha em Israel. O nome dela, Hebrom, na verdade significa "amizade, companheirismo ou comunhão". Abraão, o amigo intercessor de Deus, foi associado a esse monte. Como um marco memorial, ele está enterrado ali com sua mulher, Sara. Convenientemente, o simbolismo associado a essa montanha bíblica nos fala muito sobre a amizade com Deus e o que ela gera para o intercessor. Na medida em que olhar para essas maravilhosas imagens, você também vai querer viver nesta "Montanha da Amizade".

Em primeiro lugar, *sendo o ponto mais alto de Israel, o monte Hebrom nos ensina que o ponto culminante da vida cristã e o pináçu-*

lo de onde tudo o mais deve fluir é a amizade com o Todo-Poderoso. É somente a partir dali, quando olhamos para baixo e vemos tudo na vida, que a perspectiva correta pode ser obtida. O salmista Davi estava confuso com a prosperidade das pessoas más, até que ele viu as coisas do ponto de vista de Deus:

> Pois eu invejava os arrogantes, ao ver a prosperidade dos perversos (...). Eis que são estes os ímpios; e, sempre tranqüilos, aumentam suas riquezas (...). Em só refletir para compreender isso, achei mui pesada tarefa para mim.
>
> — SALMO 73:3,12,16

Então Davi prosseguiu explicando o que eliminou sua confusão:

> Até que entrei no santuário de Deus e atinei com o fim deles (...). Os que se afastam de ti, eis que perecem; tu destróis todos os que são infiéis para contigo. Quanto a mim, bom é estar junto a Deus; no SENHOR Deus ponho o meu refúgio, para proclamar todos os seus feitos.
>
> — SALMO 73:17, 27-28

Assim como Davi, nossa perspectiva da vida deve partir do ponto de vista de Deus. Uma das coisas mais importantes que você irá aprender como amigo de Deus é interceder a partir da perspectiva Dele. Viver em Hebrom, o lugar alto da amizade, torna isso possível. À medida que passar tempo com Deus, você começará a pensar como Ele, o que lhe permitirá orar de acordo com o Seu coração e a Sua vontade. Essa concordância com Deus é o elemento chave da intercessão, e o que garante seu sucesso. Muitas pessoas passam grande parte do seu tempo de oração pedindo coisas que desejam, sem nunca pensar no coração de Deus. Mas, como afirmei, isso não é um relacionamento de verdade. À medida que viver em Hebrom, você se importará cada vez mais com aquilo que está no coração de Deus, assim como Ele se importa com o que está no seu. Essa parceria é gloriosa.

Em segundo lugar, Hebrom se tornou o lar de Calebe, um dos maiores guerreiros de Israel. *A amizade com o nosso Pai nos torna vencedores poderosos*. Calebe, o espia cheio do Espírito e grande conquistador israelita, pediu Hebrom a Deus, a "montanha da amizade" como sua herança. Deus atendeu seu pedido, e Hebrom, o lugar da amizade, se tornou a "montanha do guerreiro vitorioso". O coração de um guerreiro e um coração sensível não são conflitantes. Ao contrário, acredito que Calebe foi um grande guerreiro *por causa do* seu relacionamento com Deus. Deus, seu Pai e Amigo, quer que você, também, seja um intercessor vitorioso que vive em Hebrom. Em resultado do seu relacionamento com Ele, você também será um grande vencedor.

Ken e Bárbara Gaub aprenderam a superar a necessidade financeira através do seu relacionamento com Deus:

Precisando desesperadamente de uma pausa em seu trabalho missionário no estado do Kentucky, os Gaubs dirigiram-se à casa de seus pais em Washington. Viajar com uma temperatura abaixo de zero era desafiador — principalmente com um bebê e um aquecedor no carro que funcionava apenas parcialmente. Ao chegarem ao Colorado, só lhes restava alguns trocados, então Ken parou em um estacionamento para decidir com Barbara o que deveriam fazer quanto à crítica situação financeira que enfrentavam.

Espantada, Bárbara disse: "Faremos o que pregamos. Vamos crer no Senhor e orar". Inclinando suas cabeças, eles pediram ao Senhor para enviar-lhes ajuda. Quando terminaram de orar, dirigiram até um posto de gasolina e ficaram sentados ali, imaginando qual seria o próximo passo.

Outro carro encostou atrás deles, e uma senhora desceu e foi até a janela deles. Muito empolgada, ela disse: "Vi vocês estacionados perto do armazém com as cabeças baixas. Eu disse a meu marido que acreditava que vocês eram cristãos e que estavam orando por ajuda financeira. Quero ajudá-los". Estendendo sua mão através da janela, ela entregou o dinheiro a eles.

Impressionados com o milagre, eles agradeceram e louvaram a Deus pela Sua provisão.

Esse é um exemplo de como vencer por meio do nosso relacionamento com Deus. É uma demonstração de fé quando cremos que Deus nos dará a vitória em todas as situações à medida que andamos em parceria com Ele.

Em terceiro lugar, *a intimidade com Deus — viver em Hebrom — fará com que a sua intercessão derrote os gigantes da sua vida e da vida de outros.* Anteriormente, Hebrom era governado por Arba, o maior de todos os gigantes da terra de Canaã, e havia recebido o nome dele. Calebe derrotou esse gigante, tomou a montanha e deu-lhe o novo nome de Hebrom (ver Josué 14:14-15). Seu Pai celestial quer que você seja um intercessor vitorioso, capaz de derrotar qualquer gigante que apareça em seu caminho. Assim como Calebe, você também pode viver nesta montanha que representa os gigantes mortos, os destinos cumpridos, e a amizade com Deus.

Em quarto lugar, *o estilo de vida de Hebrom lhe dará a habilidade de andar em grande autoridade*. O Rei Davi foi ungido para ser rei sobre Judá em Hebrom, e governou a partir desse monte por sete anos.

Satanás, o pecado, a nossa carne e as circunstâncias negativas querem governar nossa vida, mas Deus quer que *nós* reinemos sobre tudo isso. Romanos 5:17 diz: "Porque, se pela ofensa de um só, a morte reinou por esse, muito mais os que recebem a abundância da graça, e do dom da justiça, reinarão em vida por um só, Jesus Cristo". Deus quer nos coroar, como Davi, com a autoridade para governar em situações atrozes. Os intercessores governam a partir de Hebrom.

Por intermédio do ministério da intercessora e conferencista Quin Sherrer, uma mãe foi despertada para a sua autoridade em Cristo, dada por Deus. Ela compartilhou o seguinte testemunho com Quin:

> Quando a senhora ministrou um seminário na nossa região há dois anos, derramei para a senhora meu coração de mãe. Sua resposta foi orar por mim e por meu filho. Quando autografou um exemplar de seu livro, a senhora escreveu: *"Continue se colocando na brecha por Steven — um varão valoroso!"*.
>
> Naquela época, Steven, de quinze anos, era tudo menos isso. Ele estava profundamente envolvido com pornografia, drogas, álcool, ocultismo, motoqueiros violentos, grupos racistas, com o crime organizado, e também era fascinado pela morte. Deus salvou Steven no dia da audiência da sua sentença —foi o dia da sua maior rebelião — quando ele recebeu uma sentença três vezes e meia superior a que esperava. Na prisão, Steven frequentou estudos bíblicos, e embora fosse extremamente difícil, ele recebeu o Senhor ali mesmo. Agora ele está fora da prisão e planeja frequentar um seminário.

Sabíamos, quando entregamos Steven ao Senhor antes de ele ser preso, que ele nunca mais moraria em nossa casa. Mas nós nos firmamos em Isaías 54:13 e vimos essa palavra se cumprir. Steven está sendo ensinado pelo Senhor, e grande é a sua paz. Sim, Deus é fiel; Ele realmente coloca em prática a Sua Palavra![5]

A escritora Quin Sherrer aprendeu a reinar a partir de Hebrom. Ela o ensinou a Suzanne. Você também aprenderá a reinar a partir de Hebrom.

Por último, *esta grande "montanha da amizade" também se tornará um lugar de refúgio para você.* Hebrom se tornou uma das seis cidades de refúgio em Israel, lugares para onde aqueles que acidentalmente tiravam a vida de alguém podiam fugir e viver sem medo de uma retaliação (ver Josué 20). À medida que você se torna um intercessor e, o que é mais importante, alguém que atua em intimidade com Deus, descobrirá que esse é um lugar de grande conforto e segurança.

A seguinte história, que circulou na Internet, ilustra como intercessores preocupados estabeleceram um lugar de refúgio para crianças que sofrem:

No último ano letivo, a sala de uma professora do ensino elementar era constituída de alunos da terceira série, cada um deles vindo de uma circunstância diferente. Alguns vinham de famílias de pais ou mães solteiros, outros vinham de famílias disfuncionais, outros ainda estavam subnutridos ou malcuidados, outros viviam em lares onde sofriam abuso, e outros haviam sido espancados, machucados, ou violentados por membros da família. O pai de uma garotinha havia morrido de AIDS, e a lista continua. O coração da professora sangrava por aquelas crianças.

Antes do ano letivo de 1999-2000 começar, ela e seu marido foram até a sala de aula e oraram sobre cada carteira na sala. *Eles oraram pedindo a Deus que colocasse um anjo atrás de cada criança ao longo do ano vindouro, para cuidar delas e protegê-las* [ênfase acrescentada].

Cerca de um mês após o início do ano, ela deu às crianças a tarefa de escrever sobre o que gostariam de ser quando crescessem. Cada uma estava ocupada com sua tarefa quando um garotinho chamado Andrew ergueu a mão. Quando a professora indagou o que ele queria, o menino perguntou como se soletrava "poderoso". Depois de ensinar, ela perguntou o motivo pelo qual ele queria saber. Andrew respondeu que quando crescesse queria ser um "poderoso homem de Deus". Quando ele disse isso, outro menino chamado Mark, que estava sentado ao lado dele, perguntou: "E o que é um poderoso homem de Deus?". A professora, percebendo que ela mesma não deveria dizer nada, pediu a Andrew que respondesse.

Andrew disse: "É um homem que coloca a armadura de Deus e é um soldado de Deus". Depois de observar a conversa entre Andrew e Mark, a professora, com um nó na garganta, já começava a se afastar quando Andrew fez um movimento com o dedo indicador para que ela se aproximasse. O menino perguntou sussurrando, se ela acreditava em anjos. Ela disse que acreditava sim. Ele então perguntou se ela achava que as pessoas podiam ver anjos. Ela concordou, dizendo que achava que algumas pessoas provavelmente podiam vê-los. Andrew disse que havia visto, e ainda podia ver um anjo de pé ao lado de cada criança na sala.[6]

A sala de aula se tornou um lugar de conforto e segurança, um verdadeiro refúgio para aquelas crianças. Deus permitiu que aquela criança pequena — um poderoso homem de Deus em formação — visse a resposta às orações dos intercessores. A intercessão deles, é claro, nasceu quando permitiram que o coração de Deus por aquelas crianças se tornasse o coração de cada um deles. Esses são os intercessores de Hebrom, que atuam a partir do seu lugar de amizade com Deus.

O coração de Deus é o mesmo para conosco que era para com Abraão, Calebe e Davi. À medida que aprendemos a nos tornar intercessores para Ele e com Ele, Deus quer que façamos isso a partir de Hebrom, o lugar de amizade. O resultado desse relacionamento será realização para Deus e para nós, e vitória para muitas pessoas. A intercessão se tornará uma paixão e não um desempenho; um estilo de vida e não um trabalho.

Por que você não faz esta importante oração comigo?

Querido Pai celestial, obrigado por me dizer na Tua Palavra que Tu priorizas a mim acima do meu serviço. Quero fazer o mesmo contigo — quero ser Teu amigo. Ajuda-me, por favor, a construir esse tipo de relacionamento contigo. Ajuda-me a viver em Hebrom, desfrutando o descanso, a segurança e a vitória encontrada ali. Quero ser um matador de gigantes como Davi, andando na Tua autoridade e no Teu poder. Sei que essa autoridade flui do mais alto lugar — a amizade contigo. Obrigado. Amém.

Você Entendeu?

•

1. Qual é a prioridade número 1 da intercessão? Você pode comprová-la com algumas referências bíblicas?

2. Que montanha em Israel retrata nossa amizade com Deus? O que essa amizade gera, e que também é retratado por essa montanha?

3. Quais são os três possíveis motivos para a oração? Qual deles deve vir em primeiro lugar? O que acontece se as pessoas se tornarem nossa primeira motivação para orarmos?

4. Você sabe que é um guerreiro da adoração em construção?

Capítulo Dois

O Plano da Intercessão

Era a primeira vez que eu fazia a dedicação de um bebê. Eu não estava sequer pastoreando naquela época, mas servia como ministro de louvor no Instituto *Christ for the Nations* em Dallas, no estado do Texas. As circunstâncias que cercavam aquele evento eram especiais.

"Um menino nasceu ontem e, no processo do parto, o crânio dele foi fraturado pelo fórceps", foi assim que o pedido de oração chegou às minhas mãos. "Ele é filho de uma mãe solteira que não é salva", a pessoa continuou. "Poderíamos orar por ele esta manhã na capela?".

Senti muita compaixão, e uma grande fé cresceu em mim quando, com ousadia, dirigi aquelas pessoas em oração, pedindo a Deus que curasse a criança e salvasse sua jovem mãe. O incrível testemunho veio no dia seguinte. A criança foi completamente curada e a mãe, impressionada com o amor de Deus, foi levada a Cristo! Não tendo ainda uma igreja onde congregar, ela perguntou se nós do seminário poderíamos dedicar o bebê a Cristo, e se o homem que havia dirigido a oração — EU! — poderia fazer a dedicação.

Que dia empolgante foi aquele! O corpo estudantil e eu nos alegramos por Deus ter nos usado para tocar aquelas duas vidas preciosas pelas quais Cristo havia morrido. Não superestimamos o nosso papel, nem o subestimamos. Agimos de acordo com o *plano de intercessão* e nos alegramos com aquela mãe e com o céu diante dos resultados.

Essa história aponta para uma questão importante. Será que as nossas orações realmente fizeram com que Deus curasse aquele bebê e salvasse sua mãe, ou Ele teria feito isso de qualquer maneira, mesmo sem pedirmos? "Afinal", alguns argumentariam, "Deus é soberano e Todo-Poderoso, não é?".

A resposta à pergunta se Deus é ou não soberano é um enfático "Sim!". Mas o fato de Deus ser soberano significa que Ele age independentemente de nós humanos, sempre realizando a Sua vontade, independentemente dos nossos atos? "NÃO!". Por mais incrível que pareça, *um Deus soberano fez a opção soberana de se limitar de muitas maneiras e situações aos atos, decisões e pedidos dos seres humanos.* O plano Dele é trabalhar na Terra conosco e por intermédio de nós — Sua família e Seus amigos — e não independente de nós.

Considere os seguintes exemplos que indicam claramente a necessidade de oração e obediência a fim de que os seres humanos experimentem a vontade de Deus:

- *Cura de uma nação:* "E se o meu povo, que se chama pelo meu nome, se humilhar, e orar, e buscar a minha face, e se desviar dos seus maus caminhos, então eu ouvirei do céu, e perdoarei os seus pecados, e sararei a sua terra" (2 Crônicas 7:14).

- *Receber as bênçãos da aliança*: "Se ouvires atentamente a voz do Senhor teu Deus, tendo cuidado de guardar todos os seus mandamentos que eu hoje te ordeno, o Senhor teu Deus te exaltará sobre todas as nações da terra" (Deuteronômio 28:1; o versículo 2 e os versículos seguintes enumeram diversas bênçãos).

- *Viver uma vida longa:* "Honra a teu pai e a tua mãe, como o senhor teu Deus te ordenou, para que se prolonguem os teus dias, e para que te vá bem na terra que o Senhor teu Deus te dá" (Deuteronômio 5:16).

- *Proteção do mal:* "Aquele que habita no esconderijo do Altíssimo, à sombra do Todo-Poderoso descansará" (Salmo 91:1).

- *Perdão dos pecados:* "Se confessarmos os nossos pecados, ele é fiel e justo para nos perdoar os pecados e nos purificar de toda injustiça" (1 João 1:9).

- *A liberação da vontade de Deus na Terra:* "Venha o teu reino, seja feita a tua vontade, assim na terra como no céu" (Mateus 6:10).

John Wesley acreditava tanto no fato de que o plano de Deus era operar na Terra por meio das pessoas que ele afirmava: "Deus não faz nada na terra a não ser em resposta à oração daquele que crê". E. M. Bounds, alguém cujos ensinamentos sobre oração impactaram dezenas de milhares de pessoas, era tão ousado quanto Wesley:

> Deus molda o mundo de acordo com a oração. Quanto mais oração houver no mundo, melhor ele será, mais poderosas serão as forças contra o mal... As orações dos santos de Deus são o capital social do céu, cujos recursos Deus usa para executar a Sua grande obra sobre a Terra. Deus condiciona a própria vida e prosperidade da Sua causa à oração.[1]

Peter Wagner concorda com isso quando diz:

> Precisamos entender que o nosso soberano Deus, por razões
> que só Ele conhece, programou o mundo desse modo para
> que muito do que é realmente da Sua vontade Ele torne
> possível com base nos atos e atitudes dos seres humanos. Ele
> permite que tomemos decisões que podem influenciar a his-
> tória... A inação humana não *anula* a redenção, mas a inação
> humana pode torná-la *ineficaz* para os perdidos.[2]

Como já foi mencionado, a Bíblia apoia essas fortes declarações. Em 1 Reis 18:1, depois de três anos de seca, Deus
disse a Elias que enviaria chuva a Israel. Surpreendentemente,
embora fosse a vontade e o tempo de Deus enviar a chuva,
Ele ainda precisava de um ser humano para pedir isso a Ele.
Elias orou sete vezes para que a chuva começasse antes que a
resposta viesse (ver 1 Reis 18:41-45). Tiago 5:17-18 nos garante que foram realmente as orações de Elias que liberaram
a chuva.

Em outra ocasião, um homem piedoso chamado Daniel
descobriu, através das profecias de Jeremias, que era chegado
o tempo da nação de Israel ser restaurada do seu cativeiro.
Mais uma vez, embora fosse a vontade e o tempo de Deus,
Daniel ainda precisou pedir (ver Daniel 9:3). Suas orações
provocaram uma grande guerra nos céus entre anjos e espíritos malignos. Através da oração perseverante de Daniel, os
anjos apareceram com a resposta.

Outro exemplo poderoso encontra-se em Números
14:11-12. Deus declarou uma severa destruição sobre Israel
por causa da rebelião do povo. Depois da intercessão de Moisés, entretanto, Ele fez a incrível declaração: "Conforme a tua

palavra lhe perdoei" (Números 14:20). Que afirmação impressionante! O juiz absoluto do universo perdoou de acordo com as palavras de um ser humano.

Houve outra situação na qual Deus queria perdoar, mas não podia. Ele disse em Ezequiel 22:30-31 que se tivesse encontrado um homem para pedir perdão por um determinado grupo de pessoas, Ele os teria poupado do juízo. Observe estes versículos chocantes:

> E busquei dentre eles um homem que levantasse o muro, e se pusesse na brecha perante mim por esta terra, para que eu não a destruísse; porém a ninguém achei. Por isso eu derramei sobre eles a minha indignação; com o fogo do meu furor os consumi; fiz que o seu caminho lhes recaísse sobre a cabeça, diz o Senhor Deus.

Essas e inúmeras outras passagens deixam claro que Deus se envolve nos assuntos da Terra através dos homens, e a oração é a maneira pela qual Ele faz isso. Embora as Escrituras nos garantam que os planos e os propósitos de Deus finalmente se realizarão, às vezes ocorrem atrasos porque Ele precisa esperar até encontrar pessoas por meio das quais possa operar. A geração dos israelitas libertos da escravidão egípcia perdeu seu destino; Deus esperou e cumpriu os seus planos por intermédio da geração seguinte. Jesus disse que a Jerusalém do Seu tempo havia perdido o dia da Sua visitação (ver Lucas 19:44).

Não quero causar atrasos nos propósitos de Deus, e certamente não quero que Ele encontre outra pessoa para fazer a minha parte em meu lugar. Quero realizar cada parte do destino que Deus me deu, em parceria com Ele. Na história a seguir, o Dr. Ben Carson percebeu que uma operação de sucesso dependia não apenas das suas habilidades cirúrgicas, mas também de que Deus operasse por meio dele.

Depois de dezenove horas de cirurgia, o Dr. Ben Carson e sua equipe médica desabaram, exaustos, nas cadeiras da sala de conferências. Na metade da cirurgia para separar dois gêmeos zambianos que nasceram unidos pela cabeça, eles consideraram a hipótese de interromper a cirurgia. Porém, por mais perigoso que parecesse continuar, seria uma sentença de morte se eles parassem.

Enquanto voltavam à sala de cirurgia, o Dr. Carson orou para que Deus assumisse a operação. Quando retomou o delicado procedimento naquele hospital Sul Africano, esforçando-se apenas com um bisturi em lugar dos microinstrumentos que costumava usar em seu país, ele sentiu uma firmeza notável em suas mãos. Era como se estivesse apenas observando suas mãos se moverem, enquanto outra pessoa realmente assumia a cirurgia. Embora costumasse sentir-se apoiado como resultado das orações que fazia durante outras cirurgias, ele nunca havia experimentado nada como o que aconteceu durante aquela intrincada operação. Exatamente no instante em que a última veia que ligava os meninos foi separada, o sistema sonoro começou a tocar o "Coro de Aleluias" de *O Messias,* de Haendel. Todos na sala de cirurgia souberam que algo notável havia ocorrido. A cirurgia de vinte e oito horas foi um sucesso total, e os meninos se recuperaram em uma velocidade surpreendente.[3]

O Dr. Carson reconheceu sua incapacidade de concluir aquela cirurgia sozinho. Deus ouviu seu pedido, e enquanto

Ele operava através dele, aqueles meninos receberam restauração, cura e saúde. Esse é um belo exemplo no qual Deus e os homens trabalharam juntos por meio da oração e da ação.

Vamos voltar à intenção original de Deus de operar na Terra por nosso intermédio tentando entendê-la um pouco mais. O nome Adão significa "homem" ou "humanidade". Deus fez um homem e chamou-o "homem" — Adão. Na verdade, geralmente as Escrituras usam como termo genérico para "homem" a palavra hebraica *adam*. Sendo o primeiro humano, ele representa todos nós. O que Deus pretendia para Adão, Ele pretendia para toda a raça humana.

Quando Deus criou Adão e Eva, fez deles Seus *governadores* ou *administradores* da Terra. O Salmo 8:6 diz de Adão: "Deste-lhe domínio sobre as obras das tuas mãos; tudo puseste debaixo de seus pés". A expressão ter "domínio" é traduzida como a palavra hebraica que significa "administrador, mordomo ou governador".[4] A intenção de Deus era que os "adãos" — a humanidade — governassem a Terra como Seus representantes. Observe que eu não disse no lugar Dele, mas sim como representantes Dele. A humanidade deveria fazer isso sob a autoridade, os princípios e a direção de Deus.

O Salmo 115:16 confirma isso: "Os céus são os céus do Senhor, mas a terra, deu-a ele aos filhos dos homens". James Moffat traduz a última parte desse versículo assim: "a Terra *Ele designou aos homens*" (ênfase do autor), o que expressa com maior precisão o significado da palavra hebraica traduzida como "deu".[5] Deus não deu a outros a *propriedade* da Terra, mas designou à humanidade a *responsabilidade de governá-la*.

Gênesis 2:15 diz: "Tomou, pois, o Senhor Deus o homem, e o pôs no jardim do Éden para o lavrar e guardar". A palavra "guardar" vem de uma palavra hebraica que também significa "manter ou proteger".[6] É a palavra principal usada para um atalaia nas Escrituras. Adão era literalmente o atalaia ou guardião de Deus na Terra.

A decisão de Deus de governar a Terra por meio dos adãos (ou humanos) era tão literal e definitiva que o primeiro adão tinha a capacidade e o poder de dar essa autoridade a outro — Satanás. Lucas 4:6-7 diz: "E disse-lhe: Dar-te-ei toda a autoridade e glória destes reinos, porque me foi entregue, e a dou a quem eu quiser; se tu, me adorares, será toda tua". Jesus na verdade se referiu a Satanás como "o príncipe deste mundo" três vezes nos Evangelhos (ver João 12:31; 14:30; 16:11).

De acordo com o plano original de Deus, a Sua decisão de operar na Terra por meio das pessoas era tão completa que, para reverter essa situação, Jesus precisava se tornar humano! Ele tinha de se tornar um adão (ver 1 Coríntios 15:45). *Os humanos seriam para sempre o vínculo de Deus com a autoridade e a atividade na terra.* Devíamos ser os Seus mediadores e representantes. *O plano de intercessão* de Deus é operar na Terra conosco e por meio de nós, e não independente de nós. Ele honra essa decisão de todas as maneiras. Até a incrível tarefa de divulgar as Boas Novas da salvação requer o nosso envolvimento. Romanos 10:13-15 faz diversas perguntas retóricas, cuja resposta implícita em cada uma delas é: "Eles não conseguirão".

> Porque todo aquele que invocar o nome do Senhor será salvo. Como, pois, invocarão aquele em quem não creram? E como crerão naquele de quem não ouviram? E como ouvirão, se não há quem pregue? E como pregarão, se não forem enviados?

Toda a história da Bíblia é uma história de Deus e homens trabalhando juntos na Terra. Como os exemplos bíblicos mostraram, Deus encontra um homem para agir *por* Ele ou para pedir *a* Ele, o que sempre o envolve nas situações. Considere estes outros versículos:

- Ele nos instrui a pedirmos que o Seu reino venha, e que a Sua vontade seja feita (ver Mateus 6:10). Certamente Ele não iria querer que desperdiçássemos nosso tempo pedindo algo que fosse acontecer de qualquer maneira, não é mesmo?
- Ele nos instrui a pedirmos o nosso pão de cada dia (ver Mateus 6:11). No entanto, Ele conhece as nossas necessidades antes mesmo de pedirmos.
- Ele nos instrui a pedirmos que sejam enviados trabalhadores para a seara (ver Mateus 9:38). Porém, será que o Senhor da seara não quer isso mais do que nós?
- Paulo disse: "Finalmente, irmãos, orai por nós, para que a palavra do Senhor se propague e seja glorificada como também o é entre vós" (2 Tessalonicenses 3:1). Deus já não estava planejando compartilhar a Sua palavra entre as pessoas?

Essas coisas não estão dentro da vontade de Deus? Por que, então, devemos pedir a Ele algo que Ele já quer fazer, se não for pelo fato de que os nossos pedidos de alguma forma o liberam para fazer essas coisas?

Em nenhum lugar na Bíblia Deus nos instrui a pedirmos coisas que vão acontecer automaticamente. Ele nunca nos diz para pedirmos que o sol brilhe, ar para respirar, ou que a gravidade faça o seu trabalho. Ele só nos diz para pedirmos coisas que não sabemos se vão acontecer ou não. Ele está tão decidido a trabalhar por meio das nossas orações que acrescenta que é possível "não termos porque não pedimos" (ver Tiago 4:2). Embora certamente às vezes haja motivos para as orações não serem atendidas, esse versículo nos diz que em outras ocasiões a razão pela qual não conseguimos o que queremos é simplesmente por não pedirmos.

Quin Sherrer compartilha a história milagrosa de uma mãe; ela entendeu a necessidade de pedir especificamente a Deus que tocasse em seu filho.

Deus se importa até com os pequenos detalhes da nossa vida. Eleanor era uma cristã e sabia que Deus se importava com ela, mas seu filho tinha uma enfermidade grave. Será que Deus iria realmente intervir? Depois de me ouvir falar sobre oração em uma reunião no Alabama, Eleanor entendeu três coisas: ela não estava dando tempo de qualidade a Deus; ela não estava orando por pedidos definidos e nunca havia realmente deixado que Deus falasse com ela por meio da Sua Palavra.

Ela saiu daquela reunião com um desejo ardente de orar, e com um plano definido para conseguir fazer isso.

O problema: Eugene, seu filho adotivo de treze anos, não havia crescido sequer meio centímetro em um ano. A princípio ela achou que isso fosse simplesmente devido à sua herança asiática; então, seu médico lhe disse para levá-lo a um especialista que lhe prescreveria hormônios do crescimento.

O plano: o hábito de Eleanor durante anos havia sido se levantar às 4:30 da manhã e correr vários quilômetros. Então ela costumava voltar para casa, deitava-se para descansar, e fazia cerca de dez minutos de orações do tipo "Deus, abençoe-nos".

"Entendi que o tempo que eu passava com o Senhor era como um 'lanchinho rápido' quando o que eu realmente precisava era de um 'banquete prolongado'", disse ela. "Decidi começar orando primeiro; então, se me sobrasse algum tempo, eu iria correr".

Durante uma das primeiras manhãs em que passou tempo de qualidade com Deus, Ele mostrou a ela um versículo específico com o qual ela poderia orar por seu filho. Ela parafraseou-o: "Senhor, que o meu filho, assim como Jesus, possa crescer em sabedoria, estatura e favor diante de Deus e dos homens" (ver Lucas 2:52).

Ela nunca chegou a levar Eugene para tomar as injeções de hormônios. Ele começou a crescer. Nos três primeiros meses depois que ela começou a orar dessa maneira, ele cresceu sete centímetros e meio! Nos três meses seguintes, ele cresceu mais sete centímetros e meio. Algumas pessoas podem argumentar que aquele era o ano natural de crescimento dele, mas Eleanor está convencida de que Deus honrou sua oração. Ela viu outra evidência de resposta de oração. As notas de seu filho em conduta no boletim foram de C- para A. "Mamãe, minha professora agora gosta de mim, e eu gosto dela", ele comentou quando ela perguntou a ele sobre o fato.

"Eugene cresceu não apenas em estatura e favor diante de sua professora, mas em sabedoria também, uma vez que as suas outras notas também melhoraram", Eleanor me disse quando a vi, meses depois. "Às vezes ele ri e diz: 'Mamãe, eu não consigo mais me safar de nada, porque Deus sempre lhe mostra quando eu fiz alguma coisa errada'. Mas ele está muito interessado em saber os versículos usados por mim para orar por ele, e está feliz por eu estar orando de maneira tão específica".

"Ainda tenho tempo para correr depois do meu tempo de oração", ela acrescentou, sorrindo. "Mas acho a corrida bem mais revigorante quando saio direto do meu quarto de oração".[7]

Isso nos leva a uma palavra muito importante para o nosso entendimento da intercessão: *representação*. Ela vem de uma palavra latina que significa "apresentar novamente". Como intercessores, nós re-presentamos, ou apresentamos novamente, as necessidades das pessoas ao Pai celestial.

Essa é uma dupla representação. Ao fazermos isso, não estamos apenas representando a pessoa necessitada, como estamos também representando Cristo. Somos Seus embaixadores na Terra, aqueles através de quem Ele quer que o Seu amor e a Sua redenção sejam representados para a raça humana. A passagem de 2 Coríntios 5:20 nos diz: "De sorte que somos embaixadores por Cristo, como se Deus por nós vos exortasse. Rogamo-vos, pois, por Cristo que vos reconcilieis com Deus". Estas duas facetas da representação — apresentar a necessidade de alguém ao Pai e fazer isso através da obra de Cristo — constituem *o plano da intercessão*.

Como compartilhei em *Oração Intercessória*, meu primeiro livro sobre oração, o Senhor tornou isso real para mim há vários anos durante uma viagem missionária à Guatemala. Eu havia viajado com uma equipe para um vilarejo remoto, longe de qualquer cidade moderna. Não havia energia elétrica, instalações hidráulicas ou telefone. Nosso propósito ali era construir abrigos para os aldeões cujas casas de argila haviam sido destruídas pelo devastador terremoto de 1976. Ele havia matado trinta mil pessoas e deixado um milhão de pessoas desabrigadas. Levamos materiais em caminhões e construíamos pequenas casas de um cômodo para os aldeões durante a luz do dia. À noite, fazíamos cultos no centro da aldeia, pregando o evangelho de Jesus Cristo para eles, explicando que o Seu amor nos motivava a dedicar nosso tempo, dinheiro e energia para ajudá-los. Em outras palavras, *estávamos representando Cristo*.

Já estávamos ministrando há uma semana, mas pouquíssimas pessoas haviam aceitado a Cristo. Elas ouviam, mas não respondiam. Eu pregaria na última noite da nossa viagem. Quando o culto estava prestes a começar, um membro da equipe me contou sobre algo que ele e outros haviam encontrado em uma parte distante da aldeia — uma garotinha, de seis ou sete anos, amarrada a uma árvore.

Não acreditando no que viam, eles perguntaram à família que morava no local: "Por que esta garotinha está amarrada à árvore?". Era óbvio que ela morava ali, como se fosse um cachorro, no quintal — suja, imunda, indefesa e sozinha.

"Ela é louca" responderam os pais. "Não conseguimos controlá-la. Ela fere a si mesma e aos outros e foge quando a soltamos. Não podemos fazer nada mais por ela, então precisamos amarrá-la".

Meu coração se partiu enquanto o membro da equipe compartilhava aquela cena. Ela continuou em minha mente quando iniciamos o culto. Alguns minutos depois de ter começado a pregar a mensagem, de pé sobre uma mesa dobrável sob as estrelas, o mesmo Deus que havia me pedido para representá-lo na Guatemala começou a falar comigo novamente.

Diga a eles que você vai orar pela menina demente que está do outro lado da aldeia amarrada a uma árvore (representando-a perante o Pai). *Diga a eles que você vai fazer isso em nome deste Jesus sobre o qual você tem pregado* (representando Cristo). *Depois diga a eles que através Dele você vai quebrar os poderes malignos que a controlam — e quando ela estiver livre e normal, eles saberão que aquilo que você tem pregado é verdade. Eles podem acreditar que o Jesus sobre quem você prega é quem você diz. Represente, filho, represente!*

Com temor e tremor, comecei a informar às pessoas sobre o que eu pretendia fazer. (Sou um representante humano

assim como você, e às vezes representar Deus pode nos inti-
midar). Elas concordaram reconhecendo quando mencionei a
menina. Expressões intrigadas se transformaram em assombro
enquanto elas ouviam os meus planos.

Então eu orei.

Em uma noite de lua em um pequeno vilarejo remoto da
Guatemala, tendo um punhado de pessoas como audiência,
minha vida mudou para sempre. Eu estava prestes a experimentar realmente o significado de ser um representante de
Cristo na Terra.

Jesus saiu do Seu esconderijo. Ele se tornou vivo: relevan-
te... suficiente... disponível! O Jesus "oculto" emergiu, saiu
do esconderijo, das teias de aranha de uma velha teologia. O
Jesus de ontem se tornou o Jesus de hoje e de sempre. O Jesus
da Galiléia se tornou o Jesus da Guatemala.

E um novo plano se revelou para mim. Um novo conceito
surgiu — Jesus e eu. Pela primeira vez, entendi realmente o
padrão celestial: Deus e eu trabalhando juntos. Um simples
mortal — um homem — se tornando o canal para o poder
de Deus na Terra. A provisão da cruz fluindo através de uma
pessoa... Um fio-terra. A infinitude de Deus de alguma forma se manifestou através da minha finitude. Em uma oração
simples, apresentei as necessidades da menina ao Pai. Também
apresentei a obra consumada de Cristo em favor dela.

Sim, Ele libertou a garotinha.

Sim, a aldeia se entregou a Cristo.

Sim, Jesus prevaleceu por meio de um dos Seus representantes — um intercessor — na Terra.

Por mais incomum que essa história seja, quero que você
entenda que não é uma *exceção* para Deus o fato de Ele nos
usar — nós somos o *plano*. Ele quer que nós nos aproxime-

mos do Seu trono com "ousadia", confiantes nesse plano e no relacionamento que temos com Ele. Você pode fazer isso. Ao ler este livro, você passará a estar preparado para fazer isso. Você entenderá o plano.

Vamos continuar a jornada... Coisas empolgantes estão diante de nós.

Vamos fazer esta oração juntos:

Pai, é impressionante o quanto Tu desejas ter uma parceria comigo. Ajuda-me a abraçar o incrível privilégio de Te representar na Terra. Quero ser um embaixador do céu na oração. Ensina-me os Teus caminhos, a fim de que eu possa andar no Teu plano de intercessão com eficácia. "Venha a nós o Teu reino e seja feita a Tua vontade" é a minha ardente oração. Amém.

Você Entendeu?

•

1. Deus é Todo-Poderoso? Isso significa que Ele opera independentemente dos homens? Como isso se relaciona com a oração?

2. Você pode dar exemplos bíblicos de Deus usando pessoas para realizar a Sua vontade?

3. Você pode dar um exemplo bíblico da vontade de Deus não sendo realizada porque Ele não pôde encontrar um intercessor?

4. Você pode explicar o que significa "representar" Deus?

5. O seu Jesus saiu do esconderijo?

A Pessoa da Intercessão

Orlando, Flórida, junho de 2000.

Estou sentado em Orlando, Flórida, no parque aquático Wet & Wild, banhando-me na sombra e praticando a importante disciplina de manter a minha mente nas coisas que são puras. Tenho o privilégio e a importante responsabilidade de tomar conta da mesa, das cadeiras e do guarda-sol que pegamos. Paguei quase sessenta reais por esse privilégio — uma verdadeira pechincha.

Uso a palavra "privilégio" porque é exatamente aqui que quero estar — na sombra. Não sou alguém que gosta de tomar banho de sol. Não gosto dos protetores solares oleosos, do calor e do suor — e isso basicamente resume essa prática ridícula.

Também não sou verdadeiramente uma pessoa aquática. Acredito que Deus fez a água para se beber, tomar banho e pescar (não necessariamente nesta ordem). Até Cristo teve a perspicácia de escolher pescadores que possuíam um barco como alguns de Seus primeiros seguidores. Observe que Ele não escolheu esquiadores, mergulhadores, nadadores ou banhistas.

Voltando ao meu privilégio e responsabilidade. Escolhi as palavras "importante responsabilidade" porque descrevem exatamente minha tarefa. Cadeiras e guarda-sóis no Wet & Wild valem algo em torno de dois mil reais ao dia, um pouco mais, ou um pouco menos do que isso. Em qualquer outro lugar, você poderia comprar esses artigos de plástico barato por menos de cem reais, mas aqui eles *valem* muito mais porque só existe um conjunto disponível para cada dez mil famílias. Um sujeito acabou de oferecer quinhentos pelo meu; eu ri dele.

Calculei o preço desta função. Estou pronto para defender o meu tesouro mesmo correndo o risco de passar por dor e sofrimento. *Ninguém* vai ficar com a minha sombra. Um sujeito grande, de porte atlético, ameaçou jogar areia em meu rosto se eu não abrisse mão desses tesouros. Felizmente para ele, um segurança apareceu bem na hora e afastou-o. Ele poderia ter se ferido gravemente.

Enquanto estou sentado à sombra, pensei uma ou duas vezes sobre Escrituras como "dar a outra face", "dai e vos será dado" e "se alguém lhe pedir a sua camisa, dê-lhe também o seu casaco". Depois de decidir que esses versículos não se aplicam a esta situação, estou alegre por Jesus não ter dito: "Se alguém tirar as suas cadeiras no Wet & Wild, dê a ele o seu guarda-sol também". Afinal, quero permanecer puro enquanto executo essa função.

Na verdade, deixando de lado o meu frívolo jargão, houve alguns momentos realmente espirituais associados a esse dia. Quando estou em lugares assim, onde há muitas pessoas, costumo me pegar observando, pensando e às vezes orando por aqueles que vejo.

Invariavelmente, me pego observando a perdição das pessoas que me cercam. Se você olhar além da fachada, pode ver a verdade nos atos delas, se não nos seus olhos e rostos:

- Uma jovem exibindo seu corpo, em busca de amor e aceitação.

- Um homem andando a esmo, com os olhos cheios de luxúria, em busca de prazer e de mais uma conquista.

- Um grupo de adolescentes jogando o jogo de "quem consegue ser o mais legal", esforçando-se para ter uma sensação de valor e de identidade própria.

- Um pai e marido machão e dominador, necessitado da sensação de poder.

- Uma pessoa totalmente só, em busca de alguém que apareça e preencha a sua dolorosa necessidade de companhia.

- Um beberrão que há muito tempo decidiu que um barato temporário e induzido por uma droga era melhor do que nenhum barato.

Elas não sabem disso, mas todas estão procurando a mesma coisa: realização, paz e identidade própria, que só podem ser encontradas de uma maneira — por intermédio de um relacionamento significativo com o seu Criador, Jesus Cristo. Atos 4:12 nos diz: "E não há salvação em nenhum outro; porque abaixo do céu não existe nenhum outro nome, dado entre os homens, pelo qual importa que sejamos salvos".

Esta palavra "salvos" significa muito mais do que uma passagem para o céu. Ela significa inteireza, bem-estar, solidez e paz — coisas pelas quais nós, humanos, ansiamos e que só podem ser encontradas na Pessoa de Jesus Cristo. Não há outro nome que tenha sido dado entre os homens pelo qual nós possamos encontrá-las.

Esse é o motivo pelo qual orei no Wet & Wild, e também é a razão pela qual quero que você seja um intercessor. As suas orações e as minhas podem fazer a diferença. Precisamos nos convencer disto. As nossas orações podem ser *irresistíveis* para Deus e *indefensáveis* para Satanás. Essa é uma linguagem bastante forte, não é? Eu acredito nisso? Sim, e você também pode acreditar.

De volta ao meu escritório em Colorado Springs, no Colorado.

Recentemente, ouvi o apresentador de um programa de entrevistas em uma rádio em Denver, no Colorado, declarar a sua convicção de que a oração realmente não motivava Deus a fazer as coisas. "Deus não responde à oração", postulava ele. "O benefício dela é simplesmente nos ajudar emocionalmente". Que perda de tempo! Uma garrafa de uísque pode fazer isso, pelo menos por algumas horas. O mesmo podem fazer os prazeres, o dinheiro e até as explosões de raiva. Prefiro acreditar no que a Bíblia diz sobre a oração: "Pedi, e dar-se-vos-á" (Mateus 7:7).

Qual é a chave para obtermos tal fé? O que pode nos transformar em pessoas confiantes que fazem a diferença na oração intercessória? A resposta encontra-se em entendermos a *Pessoa da Intercessão*. Os capítulos 1 e 2 nos mostraram a *prioridade* do relacionamento com Deus e o Seu *plano* de operar por meio dos homens. Neste capítulo definimos a intercessão e aprendemos que ela flui através de uma *Pessoa*, Jesus Cristo. Nossas orações de intercessão devem ser oferecidas por intermédio da *Pessoa* da intercessão.

Quando Cristo nos instruiu a pedirmos ao Pai em Seu nome, Ele não estava nos dando uma fórmula, mas sim des-

crevendo uma *premissa legal*, em termos de justiça, para pedirmos. Considere os seguintes versículos:

- João 14:6: "Respondeu-lhe Jesus: Eu sou o caminho, e a
  verdade, e a vida; ninguém vem ao Pai senão por mim".
- Hebreus 10:19: "Tendo, pois, irmãos, intrepidez para
  entrar no Santo dos Santos, pelo sangue de Jesus".
- 1 João 2:1: "... Se, todavia, alguém pecar, temos Advo-
  gado junto ao Pai, Jesus Cristo, o Justo".
- 1 Timóteo 2:5: "Porquanto há um só Deus e um só Me-
  diador entre Deus e os homens, Cristo Jesus, homem".

Nesses e em inúmeros outros versículos, Deus está nos dizendo: "Se você quer alguma coisa de Mim, só existe uma
maneira pela qual Eu posso dá-la a você — e é com base no
que o Meu Filho realizou". Ele opera a partir dessa premissa,
não porque é um ditador legalista e bitolado — "tem que ser
do Meu jeito e pronto" — nem porque é um pai arrogante,
insistindo que o Seu Filho ocupe a posição central. Deus exige
essa abordagem com relação a Jesus porque somente por meio
do sacrifício legal de Cristo como nosso substituto é que podemos entrar em um relacionamento com Ele e participar dos
privilégios que tal relacionamento oferece. É impossível para
Ele se relacionar conosco de qualquer outra maneira.

Quando entendemos essa verdade e oramos "em nome de
Jesus", nos aproximamos do Juiz do universo sobre as bases le-
gais adequadas: por intermédio da obra consumada de Cristo.
Estamos dizendo, na essência: "Pai, não venho a Ti com base
na minha própria dignidade, ou na dignidade da pessoa por
quem estou orando. Venho a Ti com base nos méritos do Teu

Filho, Jesus, e do sangue que Ele derramou. Estou pedindo *em nome Dele*". O Pai responde porque Seu Filho, a cruz, e o amor apaixonado de Cristo por nós são *irresistíveis* para Ele.

Em Atos 3, Pedro foi usado para curar um coxo que estava naquela situação havia quarenta anos. O homem era tão conhecido e o milagre foi tão profundo que toda Jerusalém ficou impressionada (ver Atos 3:1-10). Quando foi questionado sobre como aquele milagre ocorrera, a resposta de Pedro foi: "Pela fé *em o nome de Jesus*, é que esse mesmo nome fortaleceu a este homem que agora vedes e reconheceis; sim, a fé que vem por meio de Jesus deu a este saúde perfeita na presença de todos vós" (v. 16, ênfase do autor).

Testemunhei uma cura semelhante na igreja de meu irmão Tim, em Middletown, no estado de Ohio. Por causa de um erro em uma cirurgia em suas costas, um jovem ficara paralítico de um lado do corpo. Ele, sua família, meu irmão e a igreja estavam orando e pedindo a Deus que o curasse.

Em um domingo pela manhã, enquanto Tim orava novamente por aquele jovem *no nome de Jesus,* Deus atendeu à oração. Foi eletrizante! O poder de Deus passou pelo seu corpo e curou-o completamente de toda a paralisia. Ele começou a correr pela enorme igreja enquanto um alvoroço santo tomava conta da reunião. Os amigos e os membros da família corriam para abraçá-lo e para se juntar à celebração.

Não permita que alguém lhe diga que Jesus não cura hoje.

E sobre o fato de Satanás não poder se defender contra as nossas orações? Quando Cristo fez aquela tremenda declaração na cruz: "Está consumado" (João 19:30), Ele não estava anunciando a Sua morte. A palavra que Ele disse foi a palavra grega usada nos mercados para dizer "totalmente quitado".[1] Ele disse: "Eu paguei a penalidade legal e a dívida da raça humana pelo seu pecado e desobediência a Deus. Toda pessoa agora pode estar livre do domínio e da opressão de Satanás". Não é de admirar que as rochas tenham se partido, a terra tenha tremido, e o véu do Templo tenha sido rasgado ao meio quando Cristo fez essa declaração estarrecedora (ver Mateus 27:50-54).

Explicando o assunto, as Escrituras afirmam em 1 João 3:8: "Para isto se manifestou o Filho de Deus: para destruir as obras do diabo". "Destruir", ou em outras versões, "anular" é um termo legal que significa "pronunciar ou determinar que alguma coisa ou alguém não está mais preso; aquilo que estava legalmente amarrado (vinculado, obrigado) não está mais".[2] Cristo estava anunciando que a raça humana estava livre do cativeiro legal de Satanás.

Satanás, naturalmente, sabe disso, mas é perito em manter as pessoas ignorantes a esse respeito, a fim de impedir que elas creiam na obra consumada e aceitem seus resultados. Porém, apesar de tudo, essa é a verdade. Nosso trabalho como inter-cessores é aplicar essa vitória em oração, *por meio do nome de Jesus*. Ao longo deste livro, veremos as diferentes formas de fazer isso. Neste momento da nossa jornada, entretanto, nosso objetivo é simplesmente entender que o fundamento legal da intercessão é Jesus.

Um amigo meu certa vez orou por uma senhora paralítica do pescoço para baixo. O pastor dela informou a ele que ela estava assim havia dois anos, mas os médicos não conseguiam encontrar nenhuma razão do ponto de vista médico. O Espí-rito Santo sussurrou ao meu amigo que a causa era demoní-aca, então ele se ajoelhou ao lado da cadeira de rodas dela e orou: "Satanás, eu quebro o teu controle sobre esta jovem *no nome de Jesus*. Eu te ordeno que a soltes e que a deixes ir". Ele estava anunciando que ela não estava mais presa e declarando totalmente paga a dívida pela sua liberdade.

Nenhuma mudança imediata ocorreu, mas uma semana depois ela começou a se movimentar lentamente. Sua recuperação continuou seguindo com firmeza e, dentro de um mês, ela estava totalmente curada e liberta da paralisia que a havia aprisionado. Isso é entender a *Pessoa da intercessão* e colocar em ação a vitória do Calvário.

No capítulo 2, vimos por que precisamos pedir ao Pai os benefícios que Cristo nos oferece — tanto para nós mesmos quanto para os outros — embora seja uma obra consumada. Nossos pedidos, porém, serão anêmicos se não estiverem arraigados na verdade deste capítulo: o plano de Deus para redimir as pessoas encontra-se em uma Pessoa — em Seu Filho, Jesus Cristo. Nossas *orações* de intercessão precisam fluir por meio Dele e do poder que Ele liberou na cruz.

Talvez você tenha notado que eu ainda não apresentei uma definição sucinta do que é a oração intercessória. Não se trata de uma negligência da minha parte. Definições sucintas não são tão importantes quanto entender os conceitos e princípios. Na verdade, pode ser perigoso expressar uma verdade espiritual em uma fórmula ou defini-la de forma muito restrita.

Na verdade, tudo que compartilhei com você até agora foi uma definição de oração intercessória:

- Ela nasce do relacionamento com Deus.

- Ela é necessária por causa das nossas atribuições de governar, administrar e ser mordomos da Terra para Deus, a fim de que cumpramos essas atribuições.

- Ela é uma representação (re-apresentação) da vontade e da provisão de Deus para a humanidade e das necessidades da humanidade para Deus.
- Ela precisa ser feita por meio de Cristo, em Seu nome.
- Ela faz valer a vitória de Cristo no Calvário.

Poderíamos acrescentar a essa lista todas as aplicações práticas que serão encontradas nos próximos capítulos. Elas não apenas revelarão muitos "como" e "para quem", mas também trarão maiores esclarecimentos sobre o que realmente é a oração intercessória.

Estamos fazendo um bom progresso. Nossas malas estão cheias, temos os elementos básicos necessários e nossa jornada em direção a nos tornarmos intercessores eficazes está em andamento. Agora, vamos avançar em direção ao nosso destino!

Vamos fazer esta oração juntos:

Pai, agora sei que devo achegar-me a Ti em nome do Teu Filho, Jesus. Ajuda-me a entender isso claramente. Faz de mim uma pessoa que transformará o mundo e fará a diferença. Um libertador, um intercessor que sabe como orar de acordo com o padrão. Ajuda-me a entender a obra de Cristo. Dá-me o Teu coração pelos quebrantados, pelos sofredores e pelos perdidos. Ajuda-me a vê-los através dos Teus olhos apaixonados. Peço-Te estas coisas, é claro, em nome de Jesus. Amém.

Você Entendeu?

•

1. O que significa orar "em nome de Jesus"? Como isso move o coração de Deus, o nosso Pai?

2. O que significa a expressão "Está consumado"?

3. O que as Escrituras querem dizer quando afirmam que Jesus destruiu as obras do diabo?

Capítulo Quatro

O Propósito da Intercessão

Eu contemplava maravilhado o magnífico esplendor do pôr do sol no horizonte, salpicando sua mistura de tons de laranja sobre o topo das montanhas majestosas. O que pode se comparar a um pôr do sol nas montanhas? Esse sentimento se instalou novamente enquanto me lembrava de que estava olhando para uma representação de duas coisas muito importantes para Deus e para nós: *destino e oração intercessória.*

Uma das palavras neo-testamentárias para "destino" é *horizo.* Nessa palavra grega, é fácil ver o termo "horizonte", que é o ponto onde a Terra e o céu se encontram. *Horizo* também significa limite, porque o conceito de horizonte refere-se aos limites mais longínquos que nossa visão pode alcançar. Não é preciso muita imaginação para perceber o conceito de destino embutido nessa palavra. Nosso destino é o nosso horizonte ou limite dado por Deus. Ele pré-determinou os limites ou horizontes da nossa vida. Ele "predestinou" planos e propósitos que tem para cada um de nós, antes mesmo de nascermos.[1]

O Salmo 139:15-16 confirma essa grande verdade:

Os meus ossos não te foram encobertos, quando no oculto fui formado e entretecido como nas profundezas da terra. Os teus olhos me viram a substância ainda informe, e no teu livro foram escritos todos os meus dias, cada um deles escrito e determinado, quando nem um deles havia ainda.

Jeremias 29:11 nos diz: "'Porque sou eu que conheço os planos que tenho para vocês', diz o Senhor, 'planos de fazê-los prosperar e não de lhes causar dano, planos de dar-lhes esperança e um futuro'" (*NVI*). Na próxima vez que olhar para o horizonte, deixe ele lembrá-lo de que Deus tem um destino para você.

Espero que a seguinte pergunta esteja agora martelando em sua mente: "Mas como horizonte e destino estão relacionados com a intercessão?". A resposta é simples: Assim como o horizonte, a intercessão envolve um encontro da Terra e do céu, e ali os destinos são moldados.

Jesus falou do céu encontrando a Terra quando nos exortou a orar: "Venha o teu Reino; seja feita a tua vontade, assim na terra como no céu" (Mateus 6:10). Cristo está revelando que o propósito da oração ordenado por Deus é a ligação entre o céu e a Terra, permitindo que Ele una os dois, tornando Seus planos, propósitos e destinos uma realidade no coração das pessoas.

Jesus disse que a oração faria com que o céu e a Terra se encontrassem, e a palavra hebraica para "intercessão", *paga,* que é equivalente a isso, na verdade significa "encontro" ou "encontrar-se com".[2] Ela não é sempre usada no contexto da oração — qualquer encontro pode ser uma *paga* — mas no que se refere à oração, o céu e a Terra se encontram quando nós *paga* (intercedemos). Destinos são liberados, horizontes gloriosos são revelados e, através disso, o Filho brilha.

Este é *o propósito da intercessão: criar encontros.* Nós nos encontramos com Deus (as reuniões de oração são encontros com Ele), e através deste encontro Ele se encontra com outros. Um encontro leva a outro. Por Deus ser tão relacional, não devemos nos surpreender com o fato de que "encontrar-se com" seja um dos significados fundamentais da palavra *paga.*

Embora a palavra "intercessão" tenha passado a ser sinônimo de "oração" na nossa mente, e ela seja realmente um tipo de oração, essa palavra hebraica para "intercessão" — *paga* — não significa necessariamente oração. Ela tem muitos matizes de significados, sendo que todos podem ser realizados através da oração. Discutiremos vários desses significados nos próximos capítulos e os aplicaremos à oração intercessória.

Se perdermos o Deus dos encontros, perderemos o Deus da Bíblia.

- Ele se encontrava com Adão e Eva na viração do dia para ter comunhão com eles.

- Ele se encontrou com Abraão a fim de fazer uma aliança com ele e se tornar Seu amigo.

- Ele se encontrou com Moisés na montanha e no tabernáculo para lhe transmitir sabedoria para liderar a nação.

- Ele se encontrou com Davi nas montanhas ao redor de Belém para fazer dele um matador de leões, de ursos e de gigantes, e para colocar nele as qualidades de um rei.

- Ele se encontrou com Maria para fazer dela a mãe de Jesus.

- Ele se encontrou com muitas pessoas doentes e enfermas para curar seus corpos.

- Ele se encontrou com os 12 para moldá-los e transformá-los em apóstolos.

- Ele se encontrou com os 120 no Cenáculo para torná-los "semelhantes a Cristo", que é o significado da palavra "cristãos".

Tudo muda quando as pessoas se encontram com Deus. Uma mulher imoral com cinco casamentos fracassados passou a ser uma evangelista de última hora depois de ter um encontro com Cristo (ver João 4). Ela ficou tão entusiasmada com o encontro que correu para a sua cidade e disse: "Venham ver um homem que me disse tudo o que tenho feito. Será que ele não é o Cristo?" (v.29). Jesus estava tão empolgado que perdeu o apetite. "Prefiro ter um encontro a comer", disse Ele (minha interpretação do versículo 34).

Um zelote judeu, Saulo, famoso por sua perseguição à Igreja, encontrou o Senhor em uma estrada para Damasco. Foi um encontro bastante desagradável, com resultados agradáveis. Saulo se viu lambendo poeira aos pés do Cristo a quem ele estava perseguindo, e ficou cego por três dias devido ao brilho da Sua glória (ver Atos 9:1-9). Como resultado desse encontro, ele decidiu: "Se você não pode vencê-lo, junte-se a Ele". Saulo foi vencido pelo encontro! Mais tarde, tornou-se o apóstolo Paulo. Bons encontros são poderosos!

Um poderoso encontro aconteceu em um hospital da Etiópia, onde um sheik muçulmano chamado Mohammed Amin estava confinado ao leito. Diagnosticado com AIDS, seu peso havia despencado para trinta e seis quilos. Sem esperança, os médicos lhe disseram que ele estava prestes a morrer.

Então, alguns cristãos oraram por ele. Mohammed teve uma visão, na qual Jesus lhe dizia para se levantar, viver e servi-lo. Mohammed se tornou um cristão naquele instante, e seu corpo foi curado. Durante seu check-up de rotina, um mês depois, a equipe médica ficou chocada ao descobrir que ele estava completamente livre da AIDS.

Desde o princípio de seu ministério de evangelista, ele levou milhares de muçulmanos a Cristo. Em Woldya, Mohammed levou uma família muçulmana a Cristo. Depois de dois anos, mais de setecentos muçulmanos haviam se tornado cristãos. Há anos, a aldeia de Orgo não tinha cristãos. Agora, depois do trabalho de evangelismo de Mohammed, existem mais de quatrocentos muçulmanos convertidos na região.

O ministério de Mohammed enfrentou muitas dificuldades. Ele foi espancado, preso e ameaçado de morte. Porém, confiando na proteção de Deus, ele declara que sua obra junto aos muçulmanos da Etiópia irá continuar. "Acredito que Deus vai me guardar por muitos anos ainda", diz Mohammed, "e dou a Deus a glória por tudo".[3]

Para entender plenamente o propósito da intercessão — os encontros — é útil observar esse propósito no contexto da maior necessidade do homem: a de se reconciliar ou se reconectar com Deus depois da queda. Jó afirmou essa condição do ser humano quando clamou: "Ele não é homem como eu, para que eu lhe responda, e nos enfrentemos em juízo. Se tão-somente houvesse alguém para servir de árbitro entre nós, para impor as mãos sobre nós dois" (Jó 9:32-33, *NVI*). Mais uma vez, em Jó 23:3, ele disse: "Se tão somente eu soubesse onde encontrá-lo e ir à sua habitação!". O destino de Jó estava arruinado. Ele não conseguia encontrar o escritor desse destino. Seu horizonte estava nublado.

O pecado havia separado a raça humana de Deus. Deus imediatamente iniciou o processo de nos reconectar com Ele e com os nossos destinos divinos. Ele deu a Moisés planos para a construção de um tabernáculo e para um sistema de sacrifícios que cobriria temporariamente os pecados de Israel, permitindo que eles se encontrassem com Ele. Depois de dar essas instruções em Êxodo, Deus disse a Moisés: "Ali, virei aos filhos de Israel, para que, por minha glória, sejam santificados" (Êxodo 29:43). Mais uma vez, no versículo 45, Ele afirma: "E habitarei no meio dos filhos de Israel e serei o seu Deus". O coração de Deus sempre foi encontrar-se com Sua amada criação, como esses versículos revelam tão claramente.

Entretanto, todo o sistema de sacrifícios do Antigo Testamento era temporário, até o sacrifício definitivo de Cristo na cruz. Ele deveria se tornar o sacrifício final e faria mais do que apenas cobrir os nossos pecados e permitir encontros esporádicos em tabernáculos e templos. O plano definitivo de Deus era se reconectar totalmente conosco fazendo de nós o Seu próprio templo outra vez: "Mas aquele que se une ao Senhor é um espírito com ele. Acaso, não sabeis que o vosso corpo é santuário do Espírito Santo, que está em vós, o qual tendes da parte de Deus, e que não sois de vós mesmos?" (1 Coríntios 6:17,19).

Isso, naturalmente, acontece por meio de Cristo, que se tornou o agente dessa união:

> E, assim, se alguém está em Cristo, é nova criatura; as coisas antigas já passaram; eis que se fizeram novas. Ora, tudo provém de Deus, que nos reconciliou consigo mesmo por meio de Cristo e nos deu o ministério da reconciliação, a saber, que

Deus estava em Cristo reconciliando consigo o mundo, não imputando aos homens as suas transgressões, e nos confiou a palavra da reconciliação.

— 2 CORÍNTIOS 5:17-19

Mas o plano impressionante de Deus não terminou naquele momento, com Cristo, o Reconciliador. Como membros da família, Ele nos trouxe para dentro desse maravilhoso plano de reconciliar o mundo consigo. Ele quer se encontrar — se reconectar — com outras pessoas por meio de nós. Estes mesmos versículos nos dizem que participamos do ministério da reconciliação de Cristo: "Cristo... nos deu o ministério da reconciliação... e nos confiou a palavra da reconciliação" (2 Coríntios 5:18-19).

Nossa parte nesse ministério da reconciliação ocorre de várias maneiras: compartilhando o evangelho (que significa "boas novas") com as pessoas, ajudando a enviar e manter outros que divulgam o evangelho, e certamente através da oração intercessória. O dicionário *Webster* define a intercessão como: "agir *entre* partes com vistas a *reconciliar* aqueles que diferem".[4] Na oração intercessória, nós nos colocamos entre outra pessoa e Deus, e nos tornamos o elo de reconciliação. Quando por qualquer motivo nós nos encontramos com Deus em favor de outrem, nos tornando o elo de reconciliação entre os dois, a intercessão ocorre. Pode ser para salvação, libertação, cura, provisão financeira — qualquer necessidade humana.

Embora grande parte deste e do próximo capítulo esteja focada principalmente na salvação dos perdidos, vi encontros acontecerem entre Deus e homens para atender aos mais diversos tipo de propósito que se possa imaginar. Lembro-me de ter visto a cura de um menino que tinha uma perna deformada. Depois da oração, ele tirou o seu aparelho, olhou atônito para sua perna agora normal, e começou a correr pela primeira vez em sua vida. Aquele foi um encontro e tanto!

Gordon Lindsay, fundador de instituto *Christ for the Nations* em Dallas, no Texas, juntamente com uma pessoa usada poderosamente em reuniões de cura, contou sobre a cura dramática de um congressista dos Estados Unidos:

> O Congressista William D. Upshaw, da Georgia, serviu por quatro períodos no Congresso norte-americano. Sendo um orador extraordinariamente talentoso, seu nome era conhecido por milhões de pessoas. Como cristão, ele foi por algum tempo vice-presidente da Convenção Batista do Sul, e sua reputação quanto à integridade estava acima de qualquer suspeita. Aos dezoito anos, ele lesionou gravemente a coluna e ficou totalmente inválido por sete anos. Movido por uma determinação extrema, conseguiu se movimentar usando muletas, embora fosse de forma muito dolorosa. Muitas pessoas estavam a par das aflições daquele congressista, com as quais ele sofreu por sessenta e seis anos. Em 1951, ele foi curado milagrosamente diante de uma plateia de duas mil pessoas. Ao comando do homem que estava orando pelos enfermos, o congressista Upshaw lançou fora suas muletas e correu! Ele voltou para visitar seus amigos no Congresso e testemunhou a respeito das grandes coisas que o Senhor havia feito por ele. Costumava impressionar seus amigos indo ao encontro deles andando com a agilidade de um jovem. Falando de sua notável libertação, ele disse: "Deixei minhas muletas de lado e fui em direção da minha mulher que gritava, feliz... e o firmamento se abriu. Os céus desceram até nossas almas para nos saudar, e a glória coroou o trono da graça!".[5]

Eu diria que podemos classificar esse como sendo um encontro e tanto! Por mais maravilhosas que as "reuniões" de cura sejam, ainda maior é a cura do espírito quando uma pessoa recebe a salvação. Nos anos 1970, meu irmão Tim e eu trabalhávamos na mesma empresa de construção civil. Como todo crente em Jesus Cristo deve fazer, nós orávamos por nossos colegas de trabalho e procurávamos maneiras de falar de Cristo com eles. Percebemos que Ele queria entrar em contato com eles por meio de nós.

Tínhamos como alvo certas pessoas específicas, entre elas um jovem a quem chamarei de Bob. Ele parecia alguém bastante aberto e fazia muitas perguntas. Com uma história de vida bastante dura, toda ela passada longe da igreja, Bob, como muitas pessoas, era usuário de álcool e drogas além de ser muito hábil com palavras de baixo calão. Falando de um modo geral, ele era um grande adepto do pecado.

Entretanto, aprendi há muito tempo que Deus ama os pecadores. Não, ele não gosta do pecado. Mas, diferente de muitos cristãos, Ele não permite que o pecado destrua o Seu amor pela pessoa. Na verdade, certa ocasião Ele permitiu que uma prostituta lavasse Seus pés com suas lágrimas e com seus cabelos, bem na frente de vários líderes religiosos (ver Lucas 7:38). Não sou tão seguro quanto Ele — essa situação teria me deixado bastante desconfortável. Jesus, por outro lado, a encarou como uma chance de se encontrar com alguém, e não de se retirar.

Voltando ao Bob... Falávamos muito com ele sobre o Senhor e orávamos por ele regularmente. Finalmente, chegou o dia em que aquele homem estava aberto e interessado o bastante para assistir a um culto conosco. Fazíamos parte de uma banda cristã, e Bob concordou em ir nos ouvir.

Na reunião daquela noite, Bob teve um encontro só seu. Cristo encontrou-o no seu próprio poço de desespero (como a mulher imoral), interrompeu sua jornada destrutiva com Sua gloriosa luz da verdade (como Saulo), ligou os céus e a Terra, e reconciliou-o com Deus. Outro destino estava sendo delineado. As reuniões de oração haviam permitido que o Deus dos encontros se encontrasse com outra alma sedenta... e Ele nos usou para fazer isso!

Que noite! O fruto da intercessão! Assim como fez com Bob, Jesus quer ter encontros com as pessoas hoje por intermédio da nossa intercessão. Nós somos o Seu elo. Nossas orações liberam o fruto do Calvário.

A intercessão exerce um papel vital, não apenas na preparação do pecador, mas também no envio de trabalhadores para a seara. Como relatado em Mateus 9:38, Jesus disse que mais trabalhadores eram necessários para a colheita de almas. "Rogai, pois, ao Senhor da seara que *mande* trabalhadores para a sua seara". Essencialmente, Jesus estava dizendo: "Quero me encontrar com mais pessoas a fim de reconciliá-las com o Pai. Precisamos de mais trabalhadores para realizar isso, mas vocês precisam pedir que eles sejam enviados".

Quando Paulo e Barnabé foram enviados para a colheita em Atos 13, foi através da oração. "Assim, depois de jejuar e orar, impuseram-lhes as mãos e os *enviaram*" (Atos 13:3, *NVI*, ênfase do autor). Temos a tendência de pensar primeiro em dinheiro quando falamos em enviar obreiros, uma vez que o nosso foco geralmente está no suporte financeiro necessário. Entretanto, nenhuma dessas duas passagens menciona isso. Jesus disse, e a Igreja Primitiva acreditava, que a oração é a maior necessidade quando se trata de enviar obreiros reconciliadores.

Não apenas enviamos esses ceifeiros por meio da oração, como a intercessão também abre portas para que eles compartilhem o evangelho e os capacita a transmitirem-no com maior habilidade. Paulo disse em Colossenses 4:2-4 (ênfase do autor):

> Perseverai na oração, vigiando com ações de graças. Suplicai, ao mesmo tempo, também por nós, para que Deus nos abra porta à palavra, a fim de falarmos do mistério de Cristo, pelo qual também estou algemado; para que eu o manifeste, como devo fazer.

Paulo entendia não apenas que ele era enviado por meio da oração, mas também que o seu sucesso em todas as fases do processo de colheita dependia da oração! A oração intercessória torna possível o ministério da reconciliação — os encontros com Deus.

Susan Morin era uma reconciliadora, uma criadora de encontros e uma intercessora. Ela unia o céu e a Terra, impactando destinos:

> Querendo fazer algo para Deus, Susan se comprometeu a orar durante o seu percurso diário de quarenta e cinco minutos até o trabalho e perguntava a Deus por quem ela devia orar. Um bilhete no trabalho chamou sua atenção. "Sinto muito pelo atraso deste pagamento. Tenho estado gravemente doente. Obrigada, Beverly". Susan soube que devia orar por ela, mas sem conhecer nenhum detalhe, era difícil. Quando decidiu interceder fielmente, o grande amor de Deus por Beverly foi transmitido a ela. Susan enviou-lhe cartões, explicando o quanto Deus a amava e como a havia conduzido a orar por ela. Não houve resposta, mas Susan continuou orando.

Nove meses depois, o marido de Beverly telefonou. Tendo encontrado os antigos cartões de Susan, que evidentemente significavam muito para sua esposa, ele queria contar o que acontecera. Embora tenha sido diagnosticada com câncer de pulmão, Beverly nunca havia sentido dor. A igreja jamais exercera um papel real na vida deles, mas duas semanas antes de morrer, Beverly pediu para ser batizada. Na noite anterior à sua morte, ela disse a ele que estava tudo bem; ela iria para casa estar com o seu Senhor.

Susan ficou impactada por Deus tê-la usado para revelar o Seu amor a Beverly, permitindo que Ele se encontrasse com ela e a reconciliasse consigo.[6]

O mundo está cheio de pessoas como Beverly, que sofrem e anseiam desesperadamente por alguém que se importe com elas. Em algum ponto da jornada, as nuvens de tempestade sopraram, encobrindo os gloriosos raios de sol que Deus havia planejado para esses seus filhos. Cada um tem um nome; cada um tem uma história. Deus conhece cada um deles, desde o executivo voltado para a carreira até a criança órfã e sem lar que se alimenta do lixo.

De algum modo, precisamos encontrar um coração que se importe com essas pessoas. Jesus precisa desesperadamente que cumpramos a nossa parte no processo da reconciliação. Não se engane pensando que você não pode fazer a diferença. Assim como Susan, seu trajeto até o trabalho pode se transformar em uma conversa, e os quilômetros em encontros.

Por favor, pela paixão do Filho, e pelas "Beverlys" deste mundo, interceda.

Vamos fazer esta oração juntos:

Pai, trago Bob [substitua o nome de Bob pelo nome da pessoa por quem você está orando] à Tua presença hoje. Estou me encontrando contigo para pedir que Tu te encontres com ele. Ele precisa ser reconciliado contigo. Tu te encontraste com pessoas na Bíblia, e elas nunca mais foram as mesmas. Por favor, faz isso pelo Bob. Eu peço que Tu liberes o poder do Espírito Santo para romper todas as barreiras, para curar todas as feridas, para abrir os olhos dele para a verdade, e para reconciliá-lo contigo. Como um dos Teus embaixadores na Terra, peço isso em nome de Cristo, que já pagou o preço pela salvação de Bob. Amém.

Você Entendeu?

•

1. Você pode explicar a relação entre limites, horizontes, destinos e intercessão?

2. Qual é o propósito da intercessão?

3. Como a queda da humanidade por meio de Adão está relacionada à oração intercessória?

4. Como a oração intercessória favorece a propagação do evangelho?

5. Você foi a algum "encontro" de oração ultimamente?

Capítulo Cinco

O Prêmio da Intercessão

Pela oração, os mais amargos inimigos do evangelho se tornaram os seus mais corajosos defensores, os mais malvados se tornaram os mais verdadeiros filhos de Deus, e as mulheres mais desprezíveis se tornaram as santas mais puras. Ah, o poder da oração para descer até o fundo, até onde a própria esperança parece vã, e de elevar homens e mulheres à comunhão e à semelhança com Deus! É simplesmente maravilhoso! Como apreciamos pouco essa maravilhosa arma![1]

Os esforços de uma jovem mãe para criar seu filho retamente pareciam ter falhado. Todas as súplicas que fizera ao filho com relação ao seu estilo de vida depravado aparentemente haviam caído em ouvidos surdos. Mas as orações daquela mãe prevaleceram, e o jovem imoral por fim se tornou o grande homem de Deus, Santo Agostinho.

Juntamente com outros, o evangelista John Livingston passou toda a noite de 21 de junho de 1630 em oração. Quando ele pregou no dia seguinte, quinhentas pessoas se converteram a Cristo.

Na noite anterior à pregação de Jonathan Edwards de sua famosa mensagem "Pecadores nas Mãos de Um Deus Irado", muitos membros de sua igreja dedicaram a noite inteira à oração. O Espírito Santo se moveu tão poderosamente durante aquele sermão, revelando a santidade e a soberania de Deus, que os presbíteros se agarravam desesperadamente às colunas da igreja e gritavam: "Senhor, salva-nos, estamos caindo no inferno!".[2]

O maior prêmio da nossa intercessão são as pessoas encontrando Cristo como seu Senhor e Salvador! No capítulo anterior, vimos que a intercessão cria encontros entre Deus e os homens. O encontro mais importante de todos acontece quando Deus se encontra com uma pessoa não salva com o propósito da sua conversão ou salvação.

Concordo com Dick Eastman, um de meus heróis da fé: Todos nós que conhecemos a Cristo como Salvador somos produtos da intercessão. Como ele afirma em seu livro *Love on Its Knees* (O Amor de Joelhos), somos os primeiros de todos os seguidores de Jesus nascidos de novo porque Ele foi o nosso intercessor — Aquele que ficou no meio — quando sacrificou Sua vida na cruz. Também somos crentes nascidos de novo por causa do poderoso impacto que outros intercessores exerceram em nossa vida ao longo dos anos, quer estivéssemos cientes disso ou não, derrotando as estratégias de Satanás e nos trazendo ao pleno conhecimento de Cristo.[3]

O testemunho pessoal de Eastman retrata poderosamente como a vida de uma pessoa pode ser transformada de forma drástica por meio da intercessão de alguém — nesse caso, de sua mãe. Aos quatorze anos, ele havia se envolvido em uma vida de rebelião e roubo. Ele e outro jovem desenvolveram um esquema eficaz para saquear clientes inocentes na piscina, roubando discretamente bolsas ou carteiras enquanto os proprietários nadavam.

Um dia, porém, quando seu cúmplice no crime telefonou para marcar o próximo roubo, Eastman de repente percebeu que não podia mais estar envolvido com esse tipo de comportamento. Ele não conseguia explicar por que, mas sabia que nunca mais poderia agir daquela forma. Ele sabia que de algum modo sua vida estava mudando. A intercessão de sua mãe, levantando-se contra os planos de Satanás, e sua oração pedindo que Deus fosse verdadeiramente revelado a seu filho, havia prevalecido. Enquanto o outro jovem foi apanhado roubando e foi para a cadeia, Eastman foi para a igreja naquela noite, pois Deus começou a atender às orações de sua mãe.[4]

Eastman está convencido de que a oração intercessória está envolvida em *toda* alma que um dia foi levada ao conhecimento de Cristo. É claro que está! Deus opera na Terra através da oração, e você vai ter o tremendo privilégio de entrar em parceria com Ele para ver as pessoas se encontrarem com Cristo. Pessoas estarão no céu por causa das suas orações. Isso é parte do seu destino como cristão. O inimigo da oração, Satanás, tentará convencê-lo de que as suas orações não surtem nenhum efeito, mas ele é um mentiroso.

Em Atos 10, um anjo visitou um homem chamado Cornélio e disse: "Suas orações... subiram como oferta memorial diante de Deus... Deus ouviu sua oração" (Atos 10:4, 31). As orações desse homem resultaram em salvação pela primeira vez no mundo gentílico (não-judeu). O Espírito Santo desceu sobre eles (ver v. 44), gerando um encontro glorioso entre Deus e as pessoas, tudo porque Deus ouviu as orações de um homem.

E Ele ouvirá as suas orações também, e o resultado serão encontros com Deus! Paulo disse a Timóteo em 1 Timóteo 2:4 que Deus "deseja que todos os homens sejam salvos e cheguem ao conhecimento da verdade". Ele havia acabado de dizer a Timóteo para orar por "todos os homens" (v. 1). A relação é óbvia: a oração é a chave para a salvação. Vamos conhecer seis coisas que precisamos pedir ao intercedermos pelos perdidos.

Em primeiro lugar, precisamos orar para que os olhos espirituais deles sejam abertos, a fim de que enxerguem realmente e compreendam o evangelho. O apóstolo Paulo disse que parte da sua missão aos perdidos era "abrir-lhes os olhos e convertê-los das trevas para a luz, e do poder de Satanás para Deus" (Atos 26:18). Mais uma vez, em 2 Coríntios 4:4, o Espírito Santo disse: "O deus desta era cegou o entendimento dos descrentes, para que não vejam a luz do evangelho da glória de Cristo, que é a imagem de Deus".

Fomos ensinados que há um véu ou uma cobertura sobre a mente dos incrédulos, impedindo que eles compreendam Deus (ver 2 Coríntios 4:3). Outro versículo, 1 Coríntios 2:14, declara enfaticamente que eles *"não são capazes* de entender" (ênfase do autor) a esfera espiritual — e portanto as coisas referentes a Deus — sem uma revelação sobrenatural.

O interessante é que as palavras bíblicas "véu" e "revelação" vêm da mesma palavra grega.[5] Uma revelação é um *"levantar* do véu" ou uma *descoberta.* Em outras palavras, aquilo que anteriormente estava encoberto agora foi revelado.

Precisamos orar para que os olhos das pessoas não salvas sejam abertos (revelação) a fim de que eles possam ver a Cristo e o Seu evangelho claramente. Isso precisa ser mais do que uma compreensão intelectual, precisa ser um entendimento que penetra o coração. Somente então a pessoa terá a verdadeira fé bíblica que procede do coração e não apenas da mente. Romanos 10:8-10 descreve essa revelação e a fé transformadora que ela produz:

> Mas o que ela diz? "A palavra está perto de você; está em sua boca e em seu *coração*", isto é, a palavra da fé que estamos proclamando: Se você confessar com a sua boca que Jesus é Senhor e crer em seu *coração* que Deus o ressuscitou dentre os mortos, será salvo. Pois com o *coração* se crê para justiça, e com a boca se confessa para salvação (ênfase do autor).

Estreitamente associada à primeira necessidade de oração, *a segunda coisa que precisamos pedir é que todo engano seja quebrado na vida dos incrédulos*. A passagem de 2 Coríntios 10:4-5 nos diz que as nossas armas espirituais são "poderosas em Deus para... destruir argumentos" na vida daqueles que estão sob o domínio de Satanás. A expressão "destruir argumentos" não é entendida com facilidade sem que haja uma melhor definição.

Ao longo deste livro, simplesmente criei notas explicativas de rodapé ou finais para a maioria das palavras gregas e hebraicas, de modo a não sobrecarregar você com detalhes técnicos. Entretanto, neste caso, preciso incluir o termo real em grego a fim de indicar a sua relação com outras referências.

A Palavra grega para "argumentos" — *logismos* — significa qualquer lógica, filosofia ou sistema de crenças arraigado profundamente na mente de uma pessoa. A nossa palavra "lógica" na verdade vem dessa palavra grega. O conceito inerente a essa palavra vai além daquilo em *que* uma pessoa pensa, para incorporar também *por que* ela pensa assim. Mais do que aquilo que ela acredita, é *por que* ela acredita nisso que importa; não é apenas como ela age que importa, mas por que ela age daquele modo.

Esse tipo de mentalidade pode ser resultado do que foi ensinado a ela repetidamente, como doutrinas, religiões, ateísmo, ou uma série de outras crenças. Pode ser resultado também de suas experiências pessoais: fantasias sexuais e perversões, rejeição, feitiçaria, preconceitos, e outras. Qualquer experiência ou padrão de comportamento observado pode se encaixar de maneira tão poderosa na mente e nas emoções a ponto de criar um padrão de pensamento. As pessoas geralmente nem sequer percebem que possuem esses paradigmas ou sistemas de crenças.

Esses *logismos* podem controlar de tal maneira o modo de pensar de uma pessoa, que a exposição ao evangelho passa primeiramente a ser filtrada através deles, fazendo com que a mensagem ouvida seja realmente distorcida. Em outras palavras, as pessoas não ouvem somente o que pregamos; elas ouvem o que comunicamos e o somam àquilo em que já acreditam. Por exemplo, quando um judeu ouve dizer que Jesus é o Messias, ao mesmo tempo em que ouve isso ele também se lembra de anos de ensinamentos inflexíveis afirmando que Ele *não é* o Messias. Esse *logismos* — filosofia, sistema de crenças — impede que os judeus creiam em Cristo. Precisamos orar contra esses enganos, pedindo a Deus para destruí-los e acreditando que as armas liberadas por meio da oração são "poderosas em Deus para destruição das fortalezas" (2 Coríntios 10:4).

O apóstolo Paulo usa uma forma diferente de *logismos* em três pedidos de oração separados, mas semelhantes. Uma olhada neles esclarecerá ainda mais essa necessidade de orarmos pelos incrédulos:

- Orem também por mim, para que, quando eu falar *[logos]*, seja-me dada a mensagem a fim de que, destemidamente, torne conhecido o mistério do evangelho (Efésios 6:19).

- Dediquem-se à oração, estejam alertas e sejam agradecidos. Ao mesmo tempo, orem também por nós, para que Deus abra uma porta para a nossa mensagem *[logos]*, a fim de que possamos proclamar o mistério de Cristo, pelo qual estou preso. *Orem para que eu possa manifestá-lo abertamente, como me cumpre fazê-lo* (Colossenses 4:2,4, ênfase do autor).

- Finalmente, irmãos, orem por nós, para que a palavra do Senhor se propague rapidamente e receba a honra merecida, como aconteceu entre vocês (2 Tessalonicenses 3:1).

É fácil ver a semelhança entre *logismos* e *logos*. Ambos na verdade vêm da mesma palavra. Paulo está dizendo, na essência: "Orem para que eu possa compartilhar a *lógica* do evangelho de uma maneira tão clara e poderosa que supere a lógica ou o sistema de crenças dos incrédulos".

Somos instruídos a orar de duas maneiras no que se refere a essa questão:

1. Ore para que os sistemas de crenças, as filosofias ou a lógica dos incrédulos que contradizem a Palavra de Deus sejam vencidos.

2. Ore para que a lógica da Palavra de Deus se torne clara e irresistível quando for compartilhada com eles.

Podemos perceber a partir desses versículos e conclusões que a nossa intercessão afeta tanto o ouvinte da mensagem quanto a capacidade da pessoa que compartilha o evangelho. A intercessão é importante para ambos os aspectos do processo. Os grandes ganhadores de almas do passado entendiam esse princípio e dependiam não apenas da pregação, mas também recorriam ao poder da oração, como fazia o apóstolo Paulo.

Charles Finney viu centenas de milhares de pessoas salvas em suas reuniões. Ele tinha um parceiro chamado Daniel Nash, mais conhecido como Pai Nash. Ele costumava acompanhar Finney nas reuniões, não para ministrar ou pregar, mas para orar. Às vezes ele ia antes de Finney à cidade ou região onde pregaria e passava vários dias em oração antes das reuniões começarem. No livro *Revival Lectures* (Palestras sobre Avivamento), Finney fala sobre Nash:

> Tendo passado por uma terrível reviravolta em sua própria experiência espiritual, Nash saiu de uma situação de frieza e desvio, passando a trabalhar fielmente em prol das almas, cheio do poder da oração. Ele orava diariamente — geralmente muitas vezes por dia — por aqueles a quem era dirigido a colocar na sua lista. Muitas vezes orava literalmente em agonia por eles. Assim multidões se convertiam, muitas delas compostas de pessoas endurecidas e devassas, que não poderiam ser alcançadas de uma forma comum. Um desses exemplos diz respeito ao proprietário de um bar que se opunha violentamente

às reuniões de avivamento e propositalmente falava de forma ultrajante sempre que os cristãos estavam ouvindo a mensagem. A coisa era tão séria que alguns de seus vizinhos haviam pensado em se mudar por não conseguirem tolerar aquele tipo de xingamentos. Quando Pai Nash ouviu falar sobre essa situação, ficou muito triste e começou a orar por aquele homem. Dia e noite ele batalhava em oração por esse jovem ímpio. Vários dias depois, aquele jovem foi a uma reunião, e recebeu a Cristo. Sua confissão foi uma das mais quebrantadas que eles já tinham ouvido, e pareceu abranger todos os aspectos da sua maneira de tratar Deus, os cristãos, as reuniões de avivamento, e todas essas coisas boas. Seu bar imediatamente se tornou o lugar onde eram realizadas as reuniões de oração.[6]

A terceira coisa que precisamos pedir quando intercedemos pelos perdidos é que *a fortaleza do orgulho que está dentro deles seja destruída*. 2 Coríntios 4:4 afirma: "O deus desta era cegou o entendimento dos descrentes". É interessante notar que a palavra grega traduzida como "cegou" inclui em seu significado o conceito de arrogância ou orgulho.

Só posso supor que isso aconteça porque o orgulho nos cega para a nossa real situação. Estou certo de que isso é parte da natureza pecaminosa transmitida aos homens por Lúcifer na queda. O pecado de Lúcifer foi o orgulho, que levou à rebelião (ver Isaías 14:12-15). Este mesmo motivo — o orgulho, ou a exaltação do ego — foi transmitido aos homens na queda.

Também tenho certeza de que esse é um dos principais impedimentos para as pessoas aceitarem a Cristo. O orgulho assume muitas formas: o desejo de governar a própria vida e, portanto, não querer ter outro senhor; recusar-se a reconhecer sua condição pecadora e, portanto, sua necessidade de um salvador; não querer abandonar certos prazeres ou estilos de vida pecaminosos.

A boa notícia é que temos autoridade para derrubar essa fortaleza por intermédio da intercessão. A passagem bíblica de 2 Coríntios 10:4,5 diz que as nossas armas espirituais são "poderosas em Deus para destruir... toda *pretensão* que se levanta contra o conhecimento de Deus" (itálico acrescentado). Uma "pretensão"[7] é algo que é colocado em um lugar de proeminência, e tem a mesma raiz da expressão "Deus Altíssimo". Usada neste contexto, ela é a condição da raça humana que faz com que queiramos ser o nosso próprio "altíssimo". Simplificando, trata-se do orgulho.

O Espírito Santo está dizendo que nós, por meio das nossas armas espirituais da oração, podemos demolir essa fortaleza nos incrédulos. Um exemplo de oração pode ser o seguinte: "Em nome de Jesus, guerreio contra a fortaleza do orgulho no Joe, que o cega para a luz do evangelho. Espírito Santo, eu Te peço que com o Teu grande poder venhas demolir o orgulho que está nele e se exalta contra o conhecimento de Deus. Peço-Te isso com base na Tua Palavra em 2 Coríntios 10:4,5".

A seguinte história contada por Kenneth Hagin evidencia a eficácia de se orar desse modo pelos incrédulos:

> Compreendi o que precisava fazer por meu irmão, Dub. Eu estava jejuando e orando alternadamente para que Deus o salvasse havia quinze anos, e se isso ajudou em alguma coisa, eu não sabia dizer. Ele havia feito tudo que você possa imaginar. Eu sabia que se funcionasse com ele, funcionaria com qualquer pessoa.
>
> Levantei-me da cama com a minha Bíblia em uma das mãos, e a outra levantada, dizendo: "Em Nome do Senhor

Jesus Cristo, quebro o poder do diabo sobre a vida de meu irmão Dub, e reivindico a libertação dele. [Isso significa que reivindiquei a libertação dele daquela cegueira, daquele cativeiro de Satanás]. E reivindico a sua total salvação em Nome do Senhor Jesus Cristo".

Três semanas depois, meu irmão nasceu de novo. É aqui que a intercessão entra — devemos soltar o pecador dos laços da cegueira para que ele possa ver a luz.

Se pudermos fazer com que as pessoas vejam Deus como Ele realmente é, elas desejarão amá-lo.

Somos um com o grande Intercessor no Seu ministério da reconciliação.[8]

A quarta coisa pela qual precisamos orar em favor dos não salvos é para que *todas as estratégias e esquemas de Satanás fracassem.* A Bíblia diz em 2 Coríntios 10:5, o versículo a que nos referimos anteriormente: "... e levando cativo todo o entendimento à obediência de Cristo". Mais uma vez, o contexto da passagem se refere a fazer isso por outras pessoas por meio da oração, e não apenas por nós mesmos, controlando nossos pensamentos.

A frase é mais facilmente compreendida quando o significado amplo da palavra "entendimento"[9] é percebido. Juntamente com *entendimento,* ela também significa um plano, uma trama, esquema ou artifício. O versículo está nos dizendo para guerrearmos em oração contra todo pensamento, esquema ou plano de Satanás que impeça uma pessoa de se submeter a Cristo. Em suma, oramos para que todas as suas estratégias e esquemas fracassem. A seguinte história relata como os pais de uma jovem chamada Nell guerrearam por sua filha com sucesso em oração contra os estratagemas de Satanás:

Embora Nell tenha recebido uma educação cristã, seu fascínio pela saúde e pelas dietas holísticas a direcionaram para um culto da Nova Era. Declarando que lutariam contra Satanás com todas as forças até que o deus deste mundo parasse de cegar sua filha, os pais de Nell intercediam por ela diariamente. Eles pediam a Deus para trazer à memória dela toda a verdade aprendida por ela quando menina, e o louvavam por ser um Deus que guarda a Sua aliança.

Um dia, Nell entrou em uma livraria cristã para comprar alguns livros de culinária, e o proprietário convenceu-a a comprar um pequeno livro. Mais tarde, ela percebeu que ele continha versículos das Escrituras que o autor sugeria como leitura três vezes ao dia, como se fossem uma vitamina. Atraída por tudo que promovesse saúde, Nell fez isso. Não demorou muito, e aqueles versículos das Escrituras se tornaram mais importantes para ela do que qualquer outra coisa.

Cinco meses depois de os pais de Nell começarem a interceder por ela, a jovem decidiu recomeçar a viver com Jesus. Desde então, ela se formou no seminário e tem ministrado em vários países.

"Como foi fácil ser enganada quando deixei de ir à igreja, de orar todos os dias e de ler minha Bíblia", admite ela. "Mas graças a Deus, meus olhos foram abertos para a verdade".[10]

Em quinto lugar, também precisamos orar para que *o Espírito Santo paire sobre a pessoa não salva ou a envolva com Seu poder e amor*. Isso quebrará as fortalezas malignas, liberará o poder da revelação e atrairá essa pessoa a Cristo. As palavras "pairar" e "envolver" são escolhidas cuidadosamente para transmitir uma verdade importante. Sem sobrecarregar você com informações técnicas demais, um resumo compilado a partir de vários versículos lhe dará uma excelente percepção a esse respeito.

O Espírito Santo é o agente do Deus triuno que tem a função de dar à luz. Quando nascemos de novo, as Escrituras descrevem esse acontecimento como "nascer do Espírito" (João 3:3-8). Foi o Espírito Santo quem pairou sobre a Terra, incubando-a[11] na Criação, gerando tudo que foi criado. Em outra passagem, esse ato é comparado com um trabalho de parto ou dar à luz. Por incrível que pareça, nossas orações de intercessão liberam o Espírito Santo, Aquele que faz com que o novo nascimento ou a nova criação seja incubada ou paire sobre os incrédulos, liberando tudo que é necessário para que eles nasçam de novo (ver João 3:5-8; Gênesis 1:2; Salmo 90:2; Isaías 66:7-9).

Paulo orou pelos Gálatas, fazendo com que eles nascessem na família de Deus. Foi por isso que ele chamou-os de seus filhos e disse que estava em dores de parto para que Cristo fosse formado neles (ver Gálatas 4:19). Naquele momento, a intercessão de Paulo pelos gálatas era para que fosse dada à luz a maturidade espiritual em suas vidas, a fim de que Cristo fosse formado em seus atos e crenças.

Elias foi usado desse modo em 1 Reis 18:41-46. Uma seca de três anos chegou ao fim por intermédio da sua intercessão geradora de vida. Sua própria postura de oração foi a mesma de uma mulher em trabalho de parto no dia de dar à luz (ver 1 Reis 18:42). O simbolismo é inconfundível. Suas orações liberaram o Espírito Santo para gerar, ou fazer nascer, a chuva.

O quanto mais não devemos nós de forma consistente e fervorosa pedir ao Espírito Santo para liberar a Sua chuva espiritual sobre os incrédulos, derramando-se sobre eles (ver Joel 2:23-29; Atos 2:16-21)! Precisamos pedir ao Espírito que paire sobre eles, quebrando as fortalezas — todas as crenças, a raiz do orgulho, os pensamentos demoníacos e as estratégias — em suas vidas, liberando a revelação (a quebra do véu) e fazendo com que elas creiam em Cristo. Acredite, você não precisará persuadir o Espírito Santo; Ele está esperando ansiosamente para liberar o fruto do Calvário.

O nascimento da Igreja — o derramamento do Espírito Santo no Pentecostes — foi resultado direto de Cristo ter pedido ao Pai para enviá-lo (ver João 14:16). Que incrível testemunho do mandado outorgado por Deus de que Ele agirá na Terra por meio da oração! Peça!

Por fim, precisamos *pedir que trabalhadores (ceifeiros) sejam enviados aos incrédulos.*

> E, vendo as multidões, teve grande compaixão delas, porque andavam cansadas e desgarradas, como ovelhas que não têm pastor. Então, disse aos seus discípulos: "A seara é realmente grande, mas poucos os ceifeiros. Rogai, pois, ao Senhor da seara, que mande ceifeiros para a sua seara".
>
> — MATEUS 9:36-38

Por causa da decisão de Deus de operar na Terra por intermédio das orações e ações dos homens, até o envio de trabalhadores para a colheita não pode ser considerado como algo que acontece automaticamente. Somos ensinados que devemos pedir por eles. Peça ao Espírito Santo para enviar obreiros para alcançar aqueles por quem você está orando. Ele é fiel em fazer isso, e muitos estão esperando para ouvir.

O Ministério Wycliffe de Tradutores da Bíblia enviou muitos obreiros a muitos campos de colheita na Terra. Esses linguistas vivem entre tribos analfabetas a fim de dominarem suas línguas nativas, colocá-las em forma escrita, e depois traduzirem a Palavra de Deus para as línguas dos povos. A seguinte história aconteceu na Nova Guiné, onde Marilyn e Judy estavam aprendendo o idioma *Sepik Iwam*.

Os povos das tribos ficaram fascinados com as anotações das moças enquanto elas apontavam para os objetos, perguntavam seus nomes, e depois os escreviam foneticamente. O lápis que elas estavam usando era chamado de *espinho*; o papel onde elas escreviam era uma *folha de bananeira*; o ato de escrever em si era o *entalhe*.

> Foram necessários seis meses para que elas conseguissem transmitir à tribo qual era, de fato, sua intenção. Certo dia, um homem idoso não conseguiu mais conter a curiosidade. Timidamente, ele disse: "Mama Marilyn, o que você está entalhando nessa folha de bananeira com esse espinho?". Pacientemente, Marilyn respondeu: "Com este espinho estamos entalhando a sua fala nesta folha de bananeira para podermos aprendê-la e ensinar o seu povo a esculpi-la. Mais tarde, nós lhe daremos a fala de Deus nesta folha de bananeira, assim como Ele a diz — e na sua língua".
>
> Incrédulo, o velho homem tocou suavemente no papel e disse: "Você quer dizer que a fala de Deus e a sua fala podem ser esculpidas na folha de bananeira para nós lermos e entendermos?". Depois que a jovem lhe garantiu que sim, ele se virou, hesitou por um instante, sacudiu a cabeça e disse baixinho: "Por que vocês demoraram tanto para vir?"[12]

Eu sei de um motivo: nossas orações são um fator crucial para que sejam enviados trabalhadores para a seara. Milhões de pessoas ainda estão esperando para ouvir as Boas Novas de

Jesus Cristo. Seja parte do processo de trazer isso à luz, tanto para aqueles que você conhece quanto para os milhões que você não conhece.

O prêmio espera por você!

Vamos fazer esta oração juntos:

> *Pai, encontro-me contigo hoje em favor de <u>Bob</u> [substitua o nome de Bob pelo nome da pessoa por quem você está orando]. Sei que Tu queres salvá-lo. Estou pronto para fazer a minha parte para que isso aconteça. Eu Te peço que retires o véu de seus olhos, para que ele possa ver Cristo claramente. Quebra todo o engano causado pelas falsas crenças que Satanás e as circunstâncias criaram. [Se você sabe quais são, mencione-as]. Derruba a fortaleza do orgulho nele. Ajuda-o a ver o quanto Tu o amas e o quanto ele precisa de Ti. Eu Te peço que frustres todo esquema de Satanás e todo pensamento que ele plantar na mente de Bob para enganá-lo. Envia o Espírito Santo para pairar sobre ele, liberando amor e poder. Envia também outras pessoas a Bob, para compartilharem o Teu amor e as Tuas palavras com ele. Eu Te agradeço por fazeres isso. Peço-Te isso com base na obra consumada de Cristo, o Salvador de Bob. Amém.*

Você Entendeu?

•

1. A que se refere a palavra "véu" com relação aos incrédulos?

2. Como a mentalidade ou o sistema de crenças dos não salvos trabalham contra eles? Como o orgulho trabalha contra eles?

3. Você pode estabelecer uma relação entre o pairar do Espírito Santo na Criação e a intercessão pelos perdidos?

4. Que "prêmio" você está pedindo a Deus?

Capítulo Seis

A Posição da Intercessão

*K*en Gaub estava andando pela rua quando ouviu o telefone público próximo a ele tocar. Curioso, ele parou para atendê-lo. Para sua surpresa, a telefonista disse: "Chamada de longa distância para Ken Gaub. Ele está?". Depois de ponderar quanto à impossibilidade daquela situação, ele finalmente aceitou a ligação.

A pessoa que estava ligando, a ponto de cometer suicídio, havia orado pedindo ajuda e lembrou-se do ministério de Ken. Sem saber como entrar em contato com ele, ela continuou a escrever seu bilhete de suicídio. Quando vieram alguns números à sua mente, ela os anotou. Imaginando se Deus estava lhe dando milagrosamente o telefone de Ken, ela discou os números.

Impressionada por conseguir falar com ele, ela perguntou: "O senhor está no seu escritório na Califórnia?".

"Meu escritório fica em Washington", respondeu Ken.

"Ah, sim, então onde o senhor, está?" perguntou ela.

"Você não sabe? Você me ligou", respondeu ele.

"Não sei para que área estou ligando. Apenas disquei os números que estão neste papel".

"Senhora, estou em uma cabine telefônica em Dayton, Ohio!".

Reconhecendo que aquele encontro só poderia ter sido preparado por Deus, Ken começou a aconselhá-la. A presença do Espírito Santo inundou a cabine telefônica, dando-lhe sabedoria além da sua capacidade, e logo ela fez a oração do pecador, comprometendo-se a viver para o Senhor.[1]

Essa é uma das histórias mais notáveis que já li sobre a capacidade soberana de Deus de nos conduzir, mesmo quando não estamos cientes de que isso está acontecendo. Ele pode nos colocar na posição certa na hora certa, orquestrando os acontecimentos de uma maneira extremamente celestial — ou sobrenatural.

O mesmo aconteceu na vida de Jacó. O relato de Gênesis a respeito desse acontecimento usa a palavra hebraica *paga*, que nos revela verdades preciosas sobre o que chamo de *o local da intercessão*.

Outro significado da palavra hebraica *paga* para "intercessão" é "aterrissar ou recair sobre". *Paga* também pode incluir o conceito de descer ou vir sobre algo ou alguém *por acaso*. Assim, ela pode significar "aparecer no caminho". Ela é usada dessa maneira no encontro de Jacó com Deus em Gênesis 28:10-19:

> Partiu, pois, Jacó de Berseba, e foi a Harã; E *chegou a* [A versão King James em inglês diz: "veio a dar em"] um lugar onde passou a noite, porque já o sol era posto; e tomou uma das pedras daquele lugar, e a pôs por seu travesseiro, e deitou-se naquele lugar. E sonhou: e eis uma escada posta na terra,

cujo topo tocava nos céus; e eis que os anjos de Deus subiam e desciam por ela; e eis que o Senhor estava em cima dela, e disse: Eu sou o Senhor Deus de Abraão teu pai, e o Deus de Isaque; esta terra, em que estás deitado, darei a ti e à tua descendência; E a tua descendência será como o pó da terra, e estender-se-á ao ocidente, e ao oriente, e ao norte, e ao sul, e em ti e na tua descendência serão benditas todas as famílias da terra; E eis que estou contigo, e te guardarei por onde quer que fores, e te farei tornar a esta terra; porque não te deixarei, até que haja cumprido o que te tenho falado. Acordando, pois, Jacó do seu sono, disse: Na verdade o Senhor está neste lugar; e eu não o sabia. E temeu, e disse: Quão terrível é este lugar! Este não é outro lugar senão a casa de Deus; e esta é a porta dos céus. Então levantou-se Jacó pela manhã de madrugada, e tomou a pedra que tinha posto por seu travesseiro, e a pôs por coluna, e derramou azeite em cima dela. E chamou o nome daquele lugar Betel; o nome porém daquela cidade antes era Luz (Almeida Corrigida Fiel, ênfase do autor).

Essa é uma passagem maravilhosa das Escrituras e uma das primeiras vezes em que a palavra *paga* é usada na Bíblia. Pelo menos seis características esclarecedoras relacionadas ao local ou posição da intercessão podem ser vistas nessa fascinante história onde Jacó *se encontrou* com Deus, quando ele *veio a parar* em Betel. Tecnicamente falando, Jacó não estava em oração quando o incidente aconteceu. Entretanto, o fato da palavra *paga* ser usada para descrever o fato de Jacó ter ido parar naquele lugar onde teve um poderoso encontro com Deus nos dá um retrato maravilhosamente simbólico do que acontece no local da intercessão.

Em primeiro lugar, observe que *a posição da intercessão — o local "paga" — se torna o lugar de Deus.* Os lugares de oração passam a ser casas de Deus, ou locais onde Ele habita. Jacó declarou deslumbrado: "O Senhor está neste lugar... Este não é outro lugar senão a casa de Deus... E chamou o nome daquele lugar Betel" (Gênesis 28:16,17,19). O nome Betel na verdade significa a "casa de Deus". Na intercessão *(paga)*, um lugar é construído para a presença de Deus habitar. E como Jacó disse, os lugares da habitação de Deus são "terríveis" (v. 17).

Tenho um amigo que pastoreia uma igreja na cidade de Walla Walla, em Washington. Ele estava pregando uma mensagem poderosa em um de seus cultos quando um jovem cristão novo convertido ficou tão maravilhado com a revelação que não conseguiu se conter. Saltando, ele começou a exclamar em voz alta: "Tremendo, cara! Tremendo!".

Já ouvi alguns "améns!" e um "aleluia!" ou outro nas minhas mensagens, mas ainda não ouvi um "tremendo, cara!". Mas estou trabalhando para chegar lá.

Jacó disse: "Quão terrível é este lugar!". Quando Deus aparece, seja em uma cabine telefônica ou em uma rocha para anunciar o destino de um homem, é tremendo, e Ele sempre aparece no lugar em que estamos posicionados para a oração. Muitos de meus encontros mais transformadores com Deus foram durante os momentos de intercessão.

Lembro-me de um tempo anos atrás, quando eu estava com um amigo que havia tomado muito LSD. Ele começou a ter um flashback terrível — é um efeito recorrente dessa droga perigosa, que gera alucinações estranhas e às vezes aterrorizantes. Enquanto ele se contorcia incontrolavelmente, gritando e gemendo de terror, uma grande fé e uma indignação justa tomou conta de mim, e comecei a interceder. Depois de alguns instantes, ele parou de repente, e uma grande paz veio sobre ele. Meu amigo olhou para mim e descreveu as imagens abomináveis que havia visto, e a repentina mudança que ocorreu quando eu orei.

Então Deus começou imediatamente a ministrar a *mim*. Sua presença era tremenda enquanto Ele falava comigo sobre meu futuro ministério. Isso foi há muitos anos, e o que Ele me revelou naquele dia aconteceu. Aquele encontro não aconteceu em um culto de igreja ou durante meu tempo devocional de todos os dias, mas durante um breve momento de intercessão.

Quando entramos no ministério altruísta de interceder por alguém, Deus acha isso irresistível e vem se encontrar *(paga)* conosco. Ele sempre ama a nossa companhia, mas quando começamos a representar o Seu Filho amado, o coração do Pai se move de uma forma irresistível para Ele. Deus simplesmente tem que responder. Assim, o lugar comum se transforma em um lugar tremendo: a casa de Deus.

Muitas coisas podem ser ditas sobre a presença de Deus. Nela há plenitude de alegria (ver Salmo 16:11), segurança (ver Salmo 91:1,2), luz (ver 1 Timóteo 6:16), e delícias perpetuamente (ver Salmo 16:11). Na verdade, tudo que pode ser dito sobre Deus pode ser dito sobre a Sua presença, e a intercessão nos leva até ela.

Em segundo lugar, a história de Jacó também ilustra para nós o fato de que o local da intercessão é *a disposição de Deus em trazer precisão ou definição às nossas orações*. Jacó "foi parar" em Betel, assim como Ken Gaub foi parar na cabine telefônica. Ele não foi guiado até lá pela compreensão ou pelo raciocínio; Jacó simplesmente "se deparou com aquele lugar por acaso" *(paga)* na hora do pôr do sol e, precisando de um lugar para dormir, passou a noite ali. Mesmo sem estar ciente, Jacó estava sendo guiado pelo Espírito Santo. Betel era um lugar importante em Israel onde Deus pretendia que o futuro de Jacó fosse moldado. Ele foi levado até lá pela direção soberana do Espírito Santo. Uma versão mais literal do versículo 11 na verdade seria "ele chegou *ao* lugar", e não apenas a *um* lugar.

Lembrando que a palavra *paga,* utilizada para descrever o ato de se "chegar a um lugar por acaso", é também a palavra para "intercessão". E o que isso nos diz sobre a oração? Geralmente não temos sabedoria, compreensão ou percepção suficientes para saber exatamente como orar. Assim como Jacó, é quase como se precisássemos "chegar por acaso" à oração correta. Nesses incidentes, podemos ter certeza de que o Espírito Santo nos ajudará e fará com que acertemos o alvo.

Fiquei atônito há alguns anos enquanto ensinava em um curso sobre Antigo Testamento no Instituto *Christ for the Nations* em Dallas, no Texas, quando um aluno israelita levantou a mão na sala de aula e me deu uma importante informação. Eu havia mencionado *paga* — intercessão — e o fato de que o Espírito Santo nos ajuda a acertar o alvo nas nossas orações. Usar palavras hebraicas pode ser um tanto intimidador quando elas são ditas diante de alguém que fala o hebraico como sua língua nativa. Meu pensamento inicial foi de que o jovem Avi poderia me corrigir. Tive uma agradável surpresa quando, em vez disso, ele me informou que na prática de tiro ao alvo em Israel, a palavra para o centro do alvo é *paga!* Imagine! A palavra para "intercessão" na verdade significa "centro do alvo".

Deus fará por nós o que Ele fez por Jacó. Quando "não soubermos orar como convém" (Romanos 8:26), Ele nos ajudará a encontrar a marca — o lugar — assim como ajudou Jacó. Lembro-me da história de Steve (estou usando um nome fictício) que estava muito doente com diversos problemas: dores estomacais, dor de cabeça, dores nas costas, e outros sintomas. Os médicos não conseguiam resolver os problemas, e muitas orações haviam sido feitas pela cura de Steve, igualmente sem resultado.

Um dia, o Espírito Santo falou silenciosamente a uma intercessora que estava orando por ele: "O problema não é físico, é espiritual. Steve tem falta de perdão e amargura com relação a uma pessoa que o ofendeu. Desafie-o a perdoar e a liberar essa pessoa".

Steve finalmente foi capaz de perdoar a pessoa que o havia magoado. Os resultados foram surpreendentes! Um processo de cura teve início e não parou até que ele estivesse completamente são.

Paga... um tiro certeiro... a precisão do Espírito Santo. A intercessora havia "chegado por acaso" ao cerne do problema. O que ela não podia saber, o Espírito Santo sabia, e Ele fez com que ela "acertasse" (*paga*) em cheio o alvo. Isso é intercessão eficaz dirigida pelo Espírito.

Jesus nos disse para terminarmos nossas orações dizendo: "Pois Teu é o reino, o poder, e a glória para sempre". A palavra "poder" nessa frase também significa "capacidade". Ele estava nos lembrando de que não temos a capacidade de realizar o que é necessário na nossa própria força e entendimento. Somente o Pai tem essa capacidade. Precisamos depender Dele a fim de sermos capacitados a acertar o alvo.

Outra grande verdade contida no encontro de Jacó é a seguinte: *por meio da intercessão, o céu e a Terra são ligados.* Em seu sonho, Jacó viu uma escada que se estendia da Terra até o céu, com anjos que subiam e desciam por ela. A atividade do céu estava sendo liberada para a Terra. Jesus disse que orássemos por isso quando nos ensinou a pedirmos para que o reino venha e a Sua vontade seja feita na Terra assim como ela é feita no céu (ver Mateus 6:10).

Jacó disse que aquele lugar era "a porta do céu" (Gênesis 28:17). Ele entendeu que era um ponto de entrada para a vontade de Deus penetrar na Terra. *Os lugares paga se tornam portas para o céu onde a vontade de Deus é liberada sobre a Terra.*

Tratamos disso de certa forma no capítulo anterior — a ligação ou encontro do céu e da Terra por meio da intercessão — de modo que não precisamos falar muito mais a respeito. Basta dizer que a intercessão une o céu e a Terra, liberando a vontade de Deus para cada situação.

Isso nos leva, porém, para a próxima grande verdade contida nessa história. *No local ou posição da intercessão, são formadas parcerias entre o divino e o humano.* Não apenas o céu e a Terra foram ligados, como Deus também disse a Jacó que iria abençoá-lo grandemente: "Todos os povos da terra serão abençoados por meio de você e da sua descendência" (Gênesis 28:14). Parte do nosso destino como cristãos é o privilégio de entrarmos em parceria com Deus para ajudarmos outras pessoas a encontrarem seu destino. Ele quer abençoar as pessoas através dos nossos esforços e orações.

Quando George McCluskey casou-se e iniciou uma família, ele decidiu investir uma hora por dia em oração, porque queria que seus filhos seguissem a Cristo. Depois de algum tempo, George expandiu suas orações para incluir seus netos e bisnetos. Todos os dias entre onze da manhã e meio-dia, ele orava pelas três gerações seguintes.

À medida que os anos se passaram, suas duas filhas entregaram a vida a Cristo e se casaram com homens que estavam no ministério em tempo integral. Os dois casais geraram quatro meninas e um menino. Cada uma das meninas casou-se com um ministro, e o menino se tornou pastor.

Os primeiros dois filhos nascidos daquela geração eram meninos. Ao se formarem na escola secundária, os dois primos escolheram a mesma faculdade e se tornaram companheiros de quarto. Durante o segundo ano da faculdade, um dos meninos decidiu entrar para o ministério. O outro, não. Ele sem dúvida alguma sentiu certa pressão para dar continuidade ao legado da família, mas em vez disso optou por dar seguimento ao seu interesse pela psicologia.

Ele concluiu o doutorado e finalmente escreveu livros para pais que se tornaram best-sellers. Posteriormente deu início a um programa de rádio que era ouvido em mais de mil estações diariamente. O nome desse homem era James Dobson.[2]

Testemunhe o poder da oração! George McCluskey fez uma parceria com Deus no local da intercessão, e o destino de Deus para James Dobson se realizou. O ministério dele realmente abençoou muitas famílias na Terra. Na próxima vez que você for abençoado por um dos livros do Dr. Dobson, agradeça a Deus pela intercessão de George McCluskey.

Outra importante verdade sobre os lugares *paga* é que neles *a atividade dos anjos é liberada*. "E teve um sonho no qual viu uma escada apoiada na terra; o seu topo alcançava os céus, e os anjos de Deus subiam e desciam por ela" (Gênesis 28:12). Thetus Tenney, em seu livro *Prayer Takes Wings* (A Oração Requer Asas), conta uma história sobre dois homens que foram protegidos do mal por intermédio da intervenção dos anjos:

Dave Wright e Eddy Wiese haviam participado de um culto em uma igreja em Oklahoma e estavam voando para casa em

Forth Worth, no Texas, em um pequeno avião monomotor. Alertados sobre a possibilidade de uma mudança no tempo, os crentes de Oklahoma os estavam cobrindo em oração. Quando os homens se preparavam para aterrissar, uma forte corrente descendente fez com que o avião colidisse com um cabo de energia elétrica e caísse. Os homens correram para fora do avião em busca de um lugar seguro — surpreendentemente, o único ferimento que tiveram foi um corte sem gravidade. Quando olharam para trás, esperando ver o avião explodir, eles viram dois homens extremamente grandes, vestidos com vestes brancas acinzentadas, pairando sobre o avião. Aqueles anjos sem dúvida livraram os homens da destruição, como resultado da intercessão.[3]

A construção de altares para nossa vida é outra verdade que é vista nessa história sobre o local da intercessão. "Na manhã seguinte, Jacó pegou a pedra que tinha usado como travesseiro, colocou-a em pé como coluna e derramou óleo sobre o seu topo" (Gênesis 28:18). A palavra "coluna" poderia ser traduzida como uma pedra memorial ou um monumento. Nos tempos do Antigo Testamento, os altares eram construídos não apenas como lugares de sacrifício, mas também como memoriais para marcar e lembrar acontecimentos significativos. Fazemos o mesmo hoje quando construímos memoriais em locais onde houve grandes batalhas ou em memória de grandes líderes.

Josué ergueu dois memoriais no local onde ele e Israel atravessaram o Rio Jordão ao entrarem em Canaã (ver Josué 4:8-9). Abraão ergueu um altar ao Senhor em Siquém, onde Deus pela primeira vez prometeu a ele a terra de Canaã: "O Senhor apareceu a Abrão e disse: 'À sua descendência darei esta terra'. Abrão construiu ali um altar dedicado ao Senhor, que lhe havia aparecido" (Gênesis 12:7).

O profeta Samuel ergueu um memorial próximo à cidade de Mispá, a fim de marcar uma vitória que o Senhor dera a Israel sobre os Filisteus (ver 1 Samuel 7:12). Ele chamou o lugar Ebenézer, que significa "a pedra de ajuda", afirmando "até aqui nos ajudou o Senhor".

Que relação essa construção de altares tem conosco hoje? Devemos erguer altares ou memoriais literais? Isso, é claro, não é necessário. Mas nós os construímos no nosso coração.

Em meu primeiro livro, *Oração Intercessória,* contei a historia de uma menina que ficou em estado de coma por dois anos e meio. Seu cérebro fora basicamente destruído por uma infecção causada pela encefalite viral. Após um ano de intensa e perseverante intercessão, para surpresa do mundo da medicina, o Senhor restaurou sua saúde completamente. Depois de passar cerca de setenta horas orando por ela durante o período de um ano, jamais me esquecerei do dia em que a vi acordada e alerta... Ali eu construí um memorial.

Hoje, quando dúvidas perturbadoras tentam assaltar minha mente para me convencer de que Deus não agirá em meu favor em uma determinada situação, faço uma nova visita ao meu Ebenézer. Silenciosamente, sussurro: "Até aqui me ajudou o Senhor".

Tenho muitos altares como esse. Um deles fica na Guatemala, onde a garotinha mencionada no capítulo 2 costumava ficar amarrada à árvore. Outro fica no local onde orei por minha esposa, Ceci, e Deus curou-a de um cisto no ovário. Também "construí" um altar no lugar onde a conheci, e onde cada uma de nossas filhas, Sarah e Hannah, nasceram. Há muitos outros, todos erguidos como monumentos à fidelidade de Deus em minha vida.

Você construirá o seu. À medida que tiver uma vida de intercessão, criando encontros entre o seu Deus e outras pessoas, descobrindo por acaso os "Betéis" onde destinos são moldados enquanto o céu encontra a Terra, ou simplesmente recebendo ajuda pessoal de seu Pai celestial, você encontrará muitos locais adequados para erguer "Ebenézers". Construa-os fortes o bastante para passarem no teste do tempo e altos o bastante para serem vistos de longe.

Vamos fazer esta oração juntos:

> *Pai, sei que sou Teu parceiro e que minhas orações unem o céu e a Terra. Às vezes, sinto-me tão inadequado quando oro por [insira uma situação ou circunstância], mas sei que Tu queres me ajudar. Entra no meu tempo de oração; faz deste lugar um Betel. Faz com que minhas orações acertem o alvo. Dá-me os Teus pensamentos e a Tua sabedoria à medida que oro. Peço a ajuda dos anjos nesta situação.*
>
> *[Agora, espere no Senhor e então comece a orar à medida que Ele o dirigir. Seja ousado e peça com fé — Ele fará como você pediu].*
>
> *Amém.*

Você Entendeu?

●

1. Qual é a ligação entre a história de Jacó em Gênesis 28 e a intercessão?

2. O que é uma porta do céu? O que isso tem a ver com a intercessão?

3. Qual é a relação entre acertar o alvo e a oração?

4. Você construiu algum altar como um memorial ultimamente?

Capítulo Sete

A Proteção da Intercessão

*

*V*isitamos a Disney World no verão passado. Juntamente com a excitação do calor, da umidade, das longas filas e dos altos preços, vivi a aventura de visitar a Torre do Terror. Esse brinquedo simula um terremoto e nos dá a sensação de despencar dentro do elevador de um hotel. Senti-me de diversas formas, menos animado.

Há alguns anos, visitei a Torre de Londres na Inglaterra. Uma fortaleza no Rio Tâmisa, esse bastião foi usado ao longo da história para diversos fins, desde servir como palácio até ser uma prisão. Vimos as joias da coroa, e, como um lembrete àqueles que pudessem tentar roubá-las, havia muitos instrumentos antigos de execução e tortura. Nunca passei tão rapidamente do estado de encantamento ao de apavoramento. Murmurei um: "Deus salve a Rainha", e saí correndo.

Também visitei a Torre Eiffel, em Paris. É uma estrutura de ferro de trezentos metros de altura, construída para a Exposição Internacional de 1889. Demonstrando minhas habilidades linguísticas e consciência cultural, enquanto olhávamos aquela incrível realização, gritei para os que estavam comigo:

"Vive la France, terra das batatas fritas!" (em inglês, "french fries", ou "batatas francesas").

A seguinte história nos oferece uma avaliação interessante a respeito de outra torre. A infame torre da Bíblia — Babel:

Um eminente arquiteto estava sendo submetido a um interrogatório. Ele estava sendo julgado por um edifício que havia projetado. Um dos acusadores, tentando distrair o homem durante seu testemunho, perguntou: "O senhor é um construtor?".

Imediatamente, a testemunha respondeu: "Não, sou um arquiteto".

"Mas é mais ou menos a mesma coisa, não é?" acrescentou o promotor.

"Desculpe-me, senhor, mas em minha opinião são duas coisas completamente diferentes".

"Ah, realmente! Talvez o senhor queira explicar a diferença?".

A isso, a testemunha respondeu: "O arquiteto, senhor, concebe o projeto, prepara o plano, desenha todas as especificações, e, em suma, entra com a sua mente. O construtor é apenas aquele que coloca os tijolos ou o carpinteiro. O construtor é a máquina; o arquiteto é o poder que une todas as coisas e as coloca em movimento".

"Ah, muito bem, senhor arquiteto, é o bastante. E agora, depois da sua muito engenhosa distinção entre os dois, talvez o senhor possa informar à corte quem foi o arquiteto da Torre de Babel?".

A testemunha prontamente respondeu: "Não houve arquiteto, senhor, apenas construtores. Foi por isso que houve tanta confusão".[1]

É claro que essa avaliação não é totalmente precisa, mas é interessante e bem-humorada.

Outra torre nas Escrituras é conhecida não pelo terror, nem pelas joias que guardava, nem mesmo por ser um símbolo de orgulho ou de confusão, mas como um lugar de força e segurança: "O nome do Senhor é uma torre forte; os justos correm para ela e estão seguros" (Provérbios 18:10). O Salmo 61:3 chama o nosso Deus de "uma torre forte contra o inimigo".

Este capítulo fala sobre a proteção que está disponível a nós por meio da intercessão. Um dos significados da palavra hebraica para "intercessão", *paga*, é "limite" ou "fronteira". Ela é coerente com a definição "encontrar" e diz respeito ao ponto no qual dois territórios se encontram ou fazem contato. Trata-se de um limite, ou como diz outra versão da Bíblia, a extensão até a qual um limite atinge. O termo *Paga* é usado seguidamente dessa forma em Josué 19.

No contexto da oração intercessória, *paga* é o estabelecimento de limites ou muros de proteção e a marcação de um território como sendo nosso, declarando: "Não permitirei intrusos ou intrometidos". Amo o Salmo 91:1-4 na versão *THE MESSAGE* da Bíblia:

> Você que está sentado na presença do Altíssimo Deus, que passa a noite na sombra de Shaddai, diga isto: "Deus, Tu és o meu refúgio. Confio em Ti e estou seguro!". Isso mesmo — Ele o salva das armadilhas ocultas, o protege como um escudo dos riscos mortais. Os Seus enormes braços estendidos o protegem — sob eles você está perfeitamente seguro; os Seus braços o defendem de todo o mal.

Uau, que promessa! Veja mais este exemplo da proteção de Deus.

Um missionário decidido a levar o evangelho a uma região no interior da China experimentou a soberana proteção de Deus. Bandidos impiedosos ao longo da estrada haviam impedido que aquela área fosse alcançada. Entretanto, o jovem missionário foi adiante naquela estrada, pregando as Boas Novas de Jesus Cristo. Mais tarde, ele voltou à base sem ter visto nenhum bandido. Pouco depois, os missionários ouviram um rumor circulando pela região: os bandidos não o haviam atacado porque um séquito de onze soldados viajava com ele. Como ele viajou só, os missionários concluíram que os anjos deveriam tê-lo protegido; mas, por que onze?

O missionário escreveu para sua igreja local nos Estados Unidos sobre aquela experiência. Seu pastor perguntou-lhe quando aquilo havia acontecido. Ao receber a informação, o pastor transmitiu, entusiasmado, sua versão da história. Ele havia sido movido por Deus para convocar uma reunião de oração especial por aquele missionário. Quando o dia da reunião de oração chegou, o pastor ficou decepcionado com o baixo número de presentes. Tudo mudou depois que ele recebeu o relatório impressionante do missionário. O pastor ficou chocado ao contar a ele: "Você ficará satisfeito em saber que, contando comigo, havia exatamente onze pessoas orando por você naquele dia".[2]

Aqueles onze intercessores fiéis se tornaram uma muralha, ou um perímetro de proteção em torno daquele missionário por meio das orações de intercessão. Por intermédio deles, o Salmo 91 e Provérbios 18:10 se tornaram realidade. Deus quer que nós também acreditemos no poder do nome de Jesus e o usemos para construir muros de proteção ao redor das pessoas.

Isaías 26:1 e 60:18 falam da proteção de Deus como muros: "Naquele dia este cântico será entoado em Judá: Temos uma cidade forte; Deus estabelece a salvação como muros e trincheiras". "Não se ouvirá mais falar de violência em sua terra, nem de ruína e destruição dentro de suas fronteiras. Os seus muros você chamará salvação, e as suas portas, louvor".

Em seu livro *Oração que Transporta Montes*, Gordon Lindsay conta uma historia notável semelhante à do missionário na China. É um retrato literal da construção de muralhas de proteção por meio da oração:

Sem serem vistos, bandidos seguiram a caravana de um cristão armênio enquanto ele transportava mercadorias através do deserto até uma cidade na Armênia Turca. Os bandidos esperaram até que escurecesse para atacar, mas quando se aproximaram da caravana ficaram atônitos ao ver altas muralhas que a cercavam. A mesma cena se repetiu no dia seguinte, com altas muralhas que novamente protegiam a caravana à noite. Na terceira noite, porém, as muralhas estavam quebradas em alguns lugares, permitindo que os bandidos tivessem acesso ao mercador. Assustado com o mistério das muralhas, o líder dos bandidos disse que pouparia o mercador e sua caravana se ele lhe contasse o segredo das muralhas. Sem entender, o mercador respondeu só saber que todas as noites ele orava, entregando a si mesmo e àqueles que estavam com ele a Deus, mas naquela noite em particular não havia orado como de costume, por estar muito cansado, e que aquele era provavelmente o motivo das brechas na muralha. Esse testemunho impressionou os bandidos de tal maneira que eles entregaram suas vidas a Cristo e se tornaram homens tementes a Deus.[3]

Muitas pessoas achariam essa história inacreditável. No entanto, por que ela deveria nos surpreender? Deus simplesmente permitiu que as pessoas vissem o que realmente estava acontecendo na esfera espiritual: muralhas de proteção. Zacarias 2:5 as chama de muros de fogo: "E eu mesmo serei para ela um muro de fogo ao seu redor, declara o Senhor, e dentro dela serei a sua glória".

Como essas histórias ilustram, a proteção sobrenatural ocorre quando os intercessores aprendem a se tornar sensíveis aos apelos do Espírito Santo, que os alerta para orarem por outros em momentos críticos de necessidade. Esse chamado do Espírito Santo pode vir através de uma sensação, de um pressentimento ou de uma inquietação com relação a determinada pessoa, ou simplesmente por meio de ouvirmos a voz do Espírito Santo nos dizendo para orarmos por alguém.

Inserido no contexto da guerra espiritual, o Espírito Santo fala sobre isso em Efésios 6:18: "Orem no Espírito em todas as ocasiões, com toda oração e súplica; tendo isso em mente, estejam atentos e perseverem na oração por todos os santos". A palavra "ocasiões" é a tradução da palavra grega *kairos*, que significa "tempo estratégico ou oportuno". Ele está dizendo que, diante da guerra espiritual em que estamos envolvidos, precisamos estar alertas em relação aos ataques de Satanás contra os outros e devemos orar em todos esses *kairoses* ou ataques estrategicamente programados. Foi o que aconteceu com aquele missionário na China. O pastor estava alerta e sentiu a necessidade de orar por ele. Seus onze intercessores, sem dúvida, compartilharão da recompensa do missionário.

As implicações de Efésios 6:18 são claras: Se estivermos alertas, o Espírito Santo nos advertirá. Se orarmos, Ele intervirá. Hebreus 4:16 nos diz que encontraremos graça para nos socorrer nesses momentos estratégicos de necessidade.[4] O equivalente em hebraico para a palavra grega *kairos* é *eth*, que é a palavra hebraica para "tempo estratégico". Usada no Salmo 9:9, Deus nos diz que Ele é "refúgio para os oprimidos, uma torre segura na hora da adversidade".[5]

Oral Roberts experimentou a intervenção do Espírito Santo durante um ataque *kairos* contra sua família:

> Após ministrar em uma conferência a mais de mil e quinhentos quilômetros de distância de casa, Oral Roberts foi se deitar em seu hotel quando, de repente, foi despertado e ouviu as seguintes palavras: "Sua mulher e seus filhos em Tulsa estão correndo um grave perigo. Ore". Ele passou algum tempo em profunda intercessão por sua família até que finalmente sentiu o fardo se retirar. Quando voltou para casa em Tulsa, sua mulher Evelyn lhe disse que uma noite, após ela e as crianças terem ido se deitar, ouviu alguém tentando invadir a casa. Paralisada de medo, não conseguiu fazer nada além de orar pedindo a ajuda de Deus e para que Oral fosse alertado e orasse por eles. Felizmente, o invasor havia partido sem conseguir entrar na casa. Quando compararam suas experiências, eles entenderam que Oral havia sido despertado e alertado para orar na hora exata em que Evelyn havia ouvido o invasor.[6]

Esse foi um ataque *kairos* e uma resposta *kairos* a uma oração *paga*! Muralhas ou limites de proteção foram colocados por meio da intercessão, e a promessa da proteção de Deus foi cumprida. Nunca suponha que uma advertência como essa seja apenas sua imaginação. Sempre ore.

Em seu livro *Listen, God is Speaking to You* (Ouça, Deus Está falando com Você), Quin Sherrer conta sobre uma amiga que ouviu a advertência do Senhor com relação à sua casa e que orou durante o tempo *kairos:*

Eu dividia um quarto com Ruthie em uma conferência cristã quando ela me disse como Deus havia protegido sua propriedade. Uma noite, durante o culto na igreja, ela ouviu uma voz: *"Sua casa está sendo roubada".* Ela tentou descartar aquele pensamento. Morava naquela casa havia trinta anos e nunca ocorrera nenhum roubo naquele bairro. Mas quanto mais ela pensava nisso, mais lhe parecia que aquela voz interior era o Espírito Santo advertindo-a.

"Senhor, se a nossa casa estiver sendo roubada, por favor, envie um anjo — não, Senhor, envie um anjo de guerra para assustar e expulsar o ladrão". Então ela começou a citar as Escrituras, orando por proteção: "Nenhum mal virá sobre o lugar da tua habitação... Nenhuma arma forjada contra nós prosperará...".

Conforme previsto, quando ela e seu marido chegaram em casa, a porta de trás que dava para o quintal estava derrubada e tudo dentro da casa revirado — gavetas abertas e coisas espalhadas por toda parte. No dia seguinte, quando a polícia decidiu fazer uma relação das coisas que faltavam, só puderam relatar a falta de uma fronha. O policial lhes disse que um ladrão geralmente costuma separar as coisas de valor. "Que nós saibamos, não há nada faltando, nem mesmo minhas joias de ouro", Ruthie disse a ele.

Ele olhou em sua volta para as peças de porcelana, de prata e para os vasos de ouro. "Com todas estas coisas bonitas, não entendo por que os ladrões não fizeram uma limpa na casa. Alguma coisa obviamente assustou o invasor. Ele fugiu com muita pressa", disse o policial.

Duas outras casas da vizinhança foram roubadas naquela noite. Ruthie tem certeza de que Deus enviou um anjo de guerra e proteção, como ela havia orado e pedido a Ele que fizesse.[7]

Isso é *paga*! É a intercessão protetora e a forma de construir muralhas de proteção por meio da oração. Você também pode ser usado pelo Senhor dessa maneira. A chave é aprender a ouvir o Espírito Santo. Essa história me lembra do Salmo 27:1-3 na versão *THE MESSAGE*:

> Luz, espaço, entusiasmo — isso é Deus! Então, com Ele ao meu lado, sou destemido, não tenho medo de ninguém nem de nada. Quando hordas de vândalos descem prontos para me devorar vivo, esses valentões e durões caem de cara no chão. Quando estou cercado, fico calmo como um bebê. Quando todo o inferno está à solta, me mantenho controlado e calmo.

O apóstolo Paulo era alguém que acreditava firmemente em receber das pessoas orações de proteção e libertação em tempos estratégicos, assim como em tempos de necessidades em geral. Ele costumava pedir oração àqueles com quem se relacionava. Romanos 15:30,31 afirma:

> Recomendo-lhes, irmãos, por nosso Senhor Jesus Cristo e pelo amor do Espírito, que se unam a mim em minha luta, orando a Deus em meu favor. Orem *para que eu esteja livre* dos descrentes da Judéia e que o meu serviço em Jerusalém seja aceitável aos santos. (ênfase acrescentada).

Mais uma vez em Filipenses 1:19, Paulo afirma a sua confiança de "libertação graças às orações de vocês". Também em

Filemom 1:22, ele diz: "Além disso, prepare-me um aposento, porque, graças às suas orações, espero poder ser restituído a vocês". Paulo era frequentemente perseguido e aprisionado por pregar o evangelho. Ele colocava a sua esperança de livramento de algumas dessas circunstâncias nas orações de seus amigos. Ele acreditava no poder da intercessão, não apenas para o avanço do evangelho, mas também para proteção.

O apóstolo Pedro foi protegido da morte certa em Atos 12. Herodes prendeu Tiago, um dos doze discípulos de Cristo, e o matou. Quando viu o quanto isso havia agradado aos judeus, ele prendeu também a Pedro, e planejava executá-lo do mesmo modo. Isso estimulou a oração fervorosa da Igreja pela libertação de Pedro (ver Atos 12:5).

A resposta às orações deles pela proteção de Pedro é uma das histórias mais impressionantes da Bíblia. Anjos visitaram Pedro em sua cela, fizeram com que suas cadeias caíssem, de alguma forma cegaram os guardas impedindo que eles o vissem, conduziram-no para fora da prisão, abriram sobrenaturalmente o portão de ferro que dá para a cidade, e se afastaram dele. Toda aquela experiência foi tão sobrenatural que Pedro, a princípio, pensou se tratar apenas de uma visão.

Ora, isso é *paga* extraordinária!

Duas cidades antigas, ambas fortalezas naturais intransponíveis feitas de pedra, exemplificam o tipo de fortaleza que o Senhor quer ser para nós. A cidade de Petra (palavra grega para "rocha") "era virtualmente inexpugnável contra o ataque da tecnologia militar e dos armamentos do mundo antigo", dizem Eastman e Hayford em seu livro *Living and Praying in Jesus' Name* (Vivendo e Orando em Nome de Jesus).

O principal acesso àquela fortaleza era, e continua sendo, uma garganta muito estreita e natural chamada de Sik (palavra árabe para "eixo") com cerca de mil e seiscentos quilômetros de comprimento e aproximadamente três metros de largura. Devido a esse fator geológico, a Sik podia ser facilmente defendida até por um pequeno grupo de pessoas contra qualquer invasão, até mesmo quando os atacantes usavam táticas suicidas. Como G. A. Smith observa em seu comentário, "chega-se ao interior por desfiladeiros (gargantas) tão estreitos que dois homens a cavalo mal poderiam passar por eles lado a lado, e o sol é impedido de passar pelas rochas que os cobrem".[8]

O nome original dessa cidade era Sela, a palavra hebraica para "pedra". O salmista Davi usou essa analogia no Salmo 31:3: "Tu és a minha rocha [sela]", disse ele. Que imagem tremenda do Senhor como sendo o nosso esconderijo de proteção! Ele é a nossa Petra, a nossa cidade de refúgio em tempos de angústia.

Fui à segunda cidade, Masada (do hebraico *metsudah*), que é uma incrível fortaleza natural próxima ao Mar Morto. O Rei Herodes a utilizava como um posto militar avançado, e no primeiro século d.C. foi necessário um cerco de três anos para que o Império Romano matasse de fome um bando de zelotes judeus moradores desse lugar impressionante.

O Salmo 31:3, o mesmo versículo que afirma ser Deus a nossa Sela ou Petra, também declara que Ele é a nossa Massada. "Porque tu és a minha *sela* [rocha]", disse Davi, "e a minha *metsudah* [fortaleza]". Que incrível imagem da confiança de Davi em Deus como sua forte proteção!

Davi usou outra ilustração geográfica da proteção de Deus no famoso Salmo 23. Ele afirma no versículo 4: "Mesmo quando eu andar por um vale de trevas e morte, não temerei perigo algum, pois tu estás comigo; a tua vara e o teu cajado me protegem". A Enciclopédia da *International Standard Bible* diz que a frase "vale de trevas e morte" é o termo usado para descrever o infame vale ao sudoeste de Jerusalém onde alguns homens de Judá faziam seus filhos "passarem pelo fogo". Em 2 Reis 23:10 a Bíblia o menciona como sendo o vale onde as crianças eram oferecidas em sacrifício ao Deus Moloque. A Enciclopédia da *International Standard Bible* prossegue dizendo: "Por causa das atrocidades realizadas ali, o nome daquele vale tornou-se um sinônimo para inferno".[9]

O mesmo versículo também é usado, é claro, para fazer referência à segurança e ao consolo mesmo em tempos de morte literal. Embora seja válido, não deve limitar-se a essa circunstância. Davi estava afirmando sua fé no fato de que quando ele passasse pelo lugar mais maligno ou difícil, poderia confiar que Deus seria o seu protetor.

O Senhor Jesus quer ser uma torre forte e uma fortaleza intransponível para nós também. A intercessão — *paga* — libera essa força protetora. Edifique as muralhas por meio da oração. Estabeleça o seu perímetro de proteção. Ore diariamente por ela. Esteja alerta aos apelos do Espírito Santo, e quando eles vierem, ore.

Uma continuação do Salmo 91, mencionada anteriormente, também é uma promessa poderosa demais para não ser incluída neste capítulo:

Os Seus imensos braços estendidos o protegem — debaixo deles você está perfeitamente seguro; os Seus braços o defendem de todo o mal. Não tema nada — nem os lobos ferozes da noite, nem as setas que voam de dia, nem a doença que vagueia em meio às trevas, nem o desastre que emerge ao meio-dia. Embora outros venham a sucumbir ao seu redor e caiam como moscas à direita e à esquerda, nenhum mal sequer o arranhará. Você permanecerá intocável, assistirá a tudo à distância, observará os maus se transformarem em cadáveres. Sim, porque Deus é o seu refúgio, o Altíssimo Deus é o seu próprio lar, o maligno não pode se aproximar de você, o mal não pode passar pela porta. Ele deu ordem aos Seus anjos para o guardarem onde quer que você vá. Se você tropeçar, eles o segurarão; o trabalho deles é impedir que você caia. Você andará ileso entre leões e serpentes, e afastará os leõezinhos e as serpentes do caminho. "Se você se apegar a mim em amor", diz Deus, "Eu o tirarei de quaisquer problemas. Eu lhe darei o melhor dos cuidados se você tão somente me conhecer e confiar em mim. Clame a mim e Eu lhe responderei, estarei ao seu lado nos maus momentos; Eu o salvarei, e depois lhe darei uma festa. Eu lhe darei longa vida, dando-lhe de beber a salvação por longos dias!".

— SALMO 91:4-16, *THE MESSAGE*

Em seu livro *A Necessidade da Oração*, E. M. Bounds conta a seguinte história de um amigo que era um grande apreciador de caçadas:

"Levantei cedo certa manhã", disse ele, "e ouvi os latidos de cães perseguindo um cervo. Olhando para o grande campo aberto diante de mim, vi um jovem cervo atravessando e dando sinais de que sua corrida estava quase terminada. Ele saltava sobre os trilhos do local cercado e encolheu-se a três metros de onde eu estava. Um minuto depois, dois daqueles cães se aproximaram; o cervo correu na minha direção e enfiou a cabeça entre minhas pernas. Levantei aquela coisinha próximo ao meu peito, e sacudindo meus braços, acenando sem parar, afastei os cães. Naquele instante senti que nem todos os cães do Oeste poderiam capturar o cervo depois que a sua fraqueza havia apelado para a minha força". O mesmo acontece quando a impotência humana apela para o Deus Todo-Poderoso.[10]

Seja como aquele cervo impotente. Quando os "cães" do perigo se aproximarem, corra para o Senhor para que Ele seja o seu poderoso protetor. Edifique as muralhas de proteção por meio da *paga* — a intercessão. Cristo quer ser a sua torre forte.

Torre do Terror? Torre de Londres? Torre de Babel? Torre Eiffel? Nada disso!

"Vive la paga!".

Vamos fazer esta oração juntos:

Pai, obrigado pela proteção que está disponível a mim por meio da oração. Ao encontrar-me contigo hoje, peço-Te que tornes o meu lar como uma cidade impenetrável. Em nome de Jesus, minha torre forte, coloco limites e proteção ao meu redor e ao redor de minha família. [Use os nomes deles — seja específico. Mencione outros que lhe vierem à mente, ou quem Deus tiver lhe designado que ore].

Pai, existe alguma situação kairos a respeito da qual Tu precisas que eu ore? Estou disponível para Ti a qualquer momento.

[Ouça a direção do Espírito Santo].

Amo ser Teu amigo e parceiro, Deus.

Obrigado pelo relacionamento que temos.

Em nome de Cristo,

Amém.

Você Entendeu?

•

1. Você pode explicar a relação entre as fronteiras e a oração intercessória?

2. Como o conceito de tempo estratégico está relacionado à oração?

3. O que as antigas cidades de Massada e Petra exemplificam?

4. *Vive la* o quê?

O Poder da Intercessão

uando ouviram os gritos de dor da senhora Jun Mon, os vizinhos daquele distrito, uma favela na periferia de Phnom Penh, no Camboja, souberam que seu marido, Khev Choen, havia morrido. Não foi surpresa, pois a saúde do senhor Choen vinha se deteriorando aceleradamente e ele estivera inconsciente durante os últimos dias. O feiticeiro e as ervas medicinais — tudo que a família podia se dar ao luxo de pagar — não foram capazes de revivê-lo, e agora ele havia partido.

Algumas semanas antes, um grupo de uma igreja cristã que se reunia em uma casa havia levado alguma esperança àquela família. Eles observaram o desespero de Jun Mon enquanto ela ficava sentada do lado de fora de sua casa arruinada de um só cômodo. Quando souberam que o marido dela estava à morte, uma jovem do grupo chamada Theavy Ser os conduziu em oração por ela. Depois de ouvir a mensagem do evangelho, Jun Mon e sua irmã aceitaram o Senhor com alegria, e foram encorajadas pelas palavras da Bíblia que receberam.

Mas agora Khev Choen estava morto. Mais tarde, naquela noite, sentada ao lado de Jun Mon e de sua irmã para consolálas, Theavy se sentiu impulsionada a orar e a compartilhar passagens da Bíblia. Depois que a jovem crente as deixou, Jun Mon continuou a ler sobre os milagres de Jesus e então se ajoelhou ao lado do corpo de seu marido. Durante três horas, Jun Mon e sua irmã choraram e suplicaram a Deus que lhe restaurasse a vida e a saúde.

Embora tivessem orado por um milagre, elas ficaram chocadas quando Khev de repente se sentou na cama e declarou que estava vivo, além de saudável e faminto! Depois de comer, ele compartilhou com elas o que havia experimentado. Precisamente no mesmo instante em que parou de respirar, dois homens de preto se aproximaram e o acompanharam em meio à escuridão até um grande rio. Do outro lado havia um homem segurando dois livros, um contendo nomes de pessoas que haviam morrido e o outro contendo nomes de pessoas prestes a morrer. Khev foi interrogado, mas depois lhe disseram que voltasse para casa. Quando iniciou sua jornada de volta, ele percebeu que seus acompanhantes haviam desaparecido e que seu espírito e seus passos se iluminavam à medida que ele caminhava. De repente, ele chegou a uma encruzilhada na estrada — havia trevas em um dos caminhos e luz brilhante no outro. Ao fundo, ele podia ouvir vozes discutindo qual caminho ele escolheria. Ele escolheu o caminho da luz, e quando entrou nele, ouviu uma porta bater. A próxima coisa de que ele lembrava era de repente estar sentado em sua própria cama.

Quando Theavy e os outros voltaram mais tarde para ajudar Jun Mon, ficaram extasiados ao ver Khev vivo e andando. Regozijando-se com o poder de ressurreição de Deus, eles compartilharam com Khev a respeito de Jesus Cristo. Ele se entregou Àquele que havia restituído sua vida. Como não é de se surpreender, a igreja local cresceu, passando de quatro para trinta e duas pessoas em apenas alguns meses. Khev, saudável e forte, é um testemunho vivo da graça e do *poder* de Deus.[1]

Um testemunho da graça e do *poder* de Deus? Eu diria que sim!

Como intercessores, precisamos entender o incrível poder que está disponível a nós. Deus não nos pediu para o representarmos na Terra sem nos dar os meios para fazê-lo bem. Um poder incrível é liberado por meio da intercessão. Um versículo maravilhoso no livro de Jó retrata esse poder da intercessão: "Ele enche as mãos de relâmpagos e lhes determina *o alvo que deverão atingir*" (Jó 36:32, ênfase do autor).

A expressão "o alvo que deverão atingir" é novamente a tradução de *paga*, nossa palavra hebraica para "intercessão". Que tremendo! O brilho de um relâmpago quando sai da presença de Deus e atinge o alvo desejado é comparável ao que acontece na intercessão.

Você já viu uma árvore ser atingida por um raio? Nesse caso, você viu uma imagem da intercessão. Costumo orar muitas vezes em uma floresta próxima à minha casa. Às vezes me deparo com árvores atingidas por raios. O raio é tão quente que literalmente muda a estrutura molecular das árvores e torce os troncos até que pareçam as camadas retorcidas de um pirulito em barra. A temperatura de um raio pode atingir trinta mil graus Celsius (quarenta e cinco mil graus Fahrenheit), mais quente que a superfície do sol. É muito quente! E Deus usa isso para exemplificar *o poder da intercessão!*

Habacuque 3:4 também fala de uma luz brilhando e saindo da mão de Deus: "Seu esplendor era como a luz do sol; raios lampejavam de sua mão, onde se escondia o seu poder".

A versão da *Amplified Bible* também é muito descritiva: "Seu esplendor era como a luz do sol; raios lampejavam de sua mão, e ali [no esplendor como do sol] era o esconderijo do seu poder".[2]

Não estou tentando fazer com que isso soe como algo estranho aos seus ouvidos, mas as nossas orações realmente liberam o poder de Deus sob a forma de raios espirituais e fazem com que tanto os Seus juízos quanto as Suas bênçãos aconteçam.

As seguintes passagens bíblicas se referem a isso:

> Ao recebê-lo, os quatro seres viventes e os vinte e quatro anciãos prostraram-se diante do Cordeiro. Cada um deles tinha uma harpa e taças de ouro cheias de incenso, *que são as orações dos santos.*
>
> — APOCALIPSE 5:8, ÊNFASE DO AUTOR

> Quando ele abriu o sétimo selo, houve silêncio nos céus cerca de meia hora. Vi os sete anjos que se acham em pé diante de Deus; a eles foram dadas sete trombetas. Outro anjo, que trazia um incensário de ouro, aproximou-se e se colocou em pé junto ao altar. A ele foi dado muito incenso para oferecer com *as orações de todos os santos* sobre o altar de ouro diante do trono. E da mão do anjo subiu diante de Deus a fumaça do incenso com *as orações dos santos.* Então o anjo pegou o incensário, encheu-o com fogo do altar e lançou-o sobre a terra; e houve trovões, vozes, relâmpagos e um terremoto.
>
> — APOCALIPSE 8:1-5, ÊNFASE DO AUTOR

Observe que as nossas orações liberam trovões, raios e terremotos. A qualificação para isso é poder! Dudley Hall comenta sobre esse fenômeno em seu livro *Incense and Thunder* (Incenso e Trovões):

> Eis a imagem de como a oração se parece no céu. Ela é como o incenso subindo diante do altar de Deus. Todas as vezes que elevamos nossos corações a Deus em nome de Jesus, um anjo de Deus toma o incenso em suas mãos (nossas orações), mistura-o com o fogo do altar de Deus, arremessa-o de volta à Terra, e ele entra na atmosfera sob a forma de trovões, raios e terremotos espirituais. Isso deveria nos dar um pouco de incentivo para orarmos! Deus escolhe entrar em parceria conosco para transferir o céu para a Terra.[3]

Davi também falou sobre isso nos salmos:

> Na minha aflição clamei ao Senhor; gritei por socorro ao meu Deus. Do seu templo ele ouviu a minha voz; meu grito chegou à sua presença, aos seus ouvidos. A terra tremeu e agitou-se, e os fundamentos dos montes se abalaram; estremeceram porque ele se irou. Das suas narinas subiu fumaça; da sua boca saíram brasas vivas e fogo consumidor.
>
> — SALMO 18:6-8

Isso sim é poder através da oração!

Não sei como Davi entendia ou via essas coisas, mas tenho certeza de que elas estavam acontecendo na esfera espiritual, e não na física. Deus evidentemente permitiu que Davi visse isso nesta esfera a fim de que ele gravasse nas Escrituras esse encorajamento quanto ao que pode acontecer quando oramos.

Esther Ilnisky conta uma história maravilhosa a respeito do poder de Deus "atingindo o alvo" para trazer cura. (Por favor, lembre-se de que "atingir o alvo" é uma tradução literal de *paga,* a palavra hebraica para "intercessão").

Por causa de um acontecimento magnífico em minha infância, sei que Deus ouve e *responde* às orações das crianças.

Daisy tinha nove anos. Eu tinha quatro. Mas me lembro de tudo perfeitamente. Eu só sabia que minha irmã mais velha não podia mais mover os braços e as pernas, e que eu sentia medo.

"Senhor e senhora Shabaz", a voz do médico tremia, "sua filha está paralítica. Ela nunca andará novamente".

Destemidos, sabendo instintivamente o que deveriam fazer em seguida, meus pais reuniram seu filho e suas quatro filhas e chamaram o pastor. O que aconteceu ali foi a reunião de oração mais fervorosa que se pode imaginar.

Nada mudou imediatamente. Nossa casa foi mantida em quarentena e eu fui levada, assustada e confusa, para ficar com uma tia. Apesar de tudo, éramos mantidos em estado permanente de oração. Nossa igreja entrou em um período de jejum e oração. Depois de alguns meses, o superintendente da nossa Escola Dominical telefonou. Ele nos disse que toda a igreja estava se unindo à turma da Escola Dominical de Daisy, alunos de nove anos de idade, e iriam passar o dia orando por um milagre.

Entra em cena Jesus, Aquele que cura!

Em algum momento milagroso durante aquela doce hora de oração, os braços e as pernas de Daisy de repente começaram a se bater. Ela estava radiante. "Mamãe, papai", gritou ela. "Venham depressa! Olhem! Estou curada!".[4]

A intercessão determinada liberou o poder milagroso de Deus. Uma reunião aconteceu. *Paga* aconteceu — o poder de Deus atingiu o alvo. Que lindo testemunho!

O livro de Atos tem muito a dizer sobre o poder de Deus sendo liberado por meio da oração. O capítulo 2, versículo 42, diz: "E perseveravam... nas orações" (ARA). Qual foi o resultado? "Todos estavam cheios de temor, e muitas maravilhas e sinais eram feitos pelos apóstolos (...) louvando a Deus e tendo a simpatia de todo o povo. E o Senhor lhes acrescentava diariamente os que iam sendo salvos" (Atos 2:43,47). Reverência, poder de Deus e uma grande colheita foram os resultados da intercessão.

Mais uma vez, em Atos 4:24, depois que uma certa perseguição começou a ocorrer, "Ouvindo isso, levantaram juntos a voz a Deus...". O versículo 31 demonstra o resultado poderoso daquela oração: "Depois de orarem, tremeu o lugar em que estavam reunidos; todos ficaram cheios do Espírito Santo e anunciavam corajosamente a palavra de Deus". Suas orações subiram como incenso até o trono e Deus literalmente fez o prédio tremer enquanto derramava o Seu poder. Eles foram novamente cheios do Espírito Santo, e o versículo 33 acrescenta que, "com *grande* poder", demonstravam a ressurreição de Cristo. "Grande" é a palavra grega a partir da qual se origina a palavra "mega"[5]. A intercessão libera um mega poder!

O capítulo 6 de Atos nos dá outro exemplo de poder liberado por meio da oração. Os líderes apostólicos da igreja estavam ficando ocupados demais com alguns detalhes da administração prática da igreja. Por isso, eles não podiam passar o tempo necessário em oração e estudo da Palavra. O resultado foi a indicação dos primeiros diáconos. "Mas nós perseveraremos na *oração* e no ministério da palavra", disseram os doze apóstolos (Atos 6:4, ARA).

Qual foi o resultado dessa decisão de não negligenciar a oração? Uma grande colheita e um poder sobrenatural:

Assim, a palavra de Deus se espalhava. Crescia rapidamente o número de discípulos em Jerusalém; também um grande número de sacerdotes obedecia à fé. Estêvão, homem cheio da graça e do poder de Deus, realizava grandes maravilhas e sinais entre o povo.

— Atos 6:7,8

O apóstolo Paulo, cujo ministério foi construído com base em muita oração e intercessão, experimentou os mesmos resultados. Em Atos 16:25,26, sua adoração e oração produziram um terremoto e a abertura de uma prisão por meios divinos. Em Atos 19:11,12, aprendemos que Deus realizou milagres extraordinários através de Paulo "Deus fazia milagres extraordinários por meio de Paulo, de modo que até lenços e aventais que Paulo usava eram levados e colocados sobre os enfermos. Estes eram curados de suas doenças, e os espíritos malignos saíam deles".

Deus faz isso hoje? É claro que sim. C. Peter Wagner conta a seguinte história transmitida a ele por William Kumuyi, pastor da igreja Deeper Life Bible em Lagos, na Nigéria. Esse pastor plantou mais de quatro mil e quinhentas igrejas em toda a Nigéria:

Durante uma rotineira reunião de milagres de quinta-feira à noite, em uma distante igreja Deeper Life Bible, o pastor pediu a todos aqueles que tivessem pessoas enfermas em casa que segurassem seus lenços enquanto ele orava e derramava uma benção do poder de cura divina sobre eles. Todos deveriam voltar para casa, colocar o lenço sobre a pessoa enferma e orar pela cura em nome de Jesus. Sem o conhecimento do pastor, o chefe de uma aldeia muçulmana próxima fora visitar a igreja naquela noite — era seu primeiro dia em um culto cristão. Embora não houvesse ninguém enfermo em sua casa, ele levantou seu lenço para receber a benção.

Assim que voltou à aldeia, o chefe assistiu ao velório de uma menina de nove anos recém-falecida. Enquanto estava ali, ele de repente lembrou-se do lenço, pegou-o, colocou-o sobre o cadáver, e orou para que ela fosse curada no nome de Jesus. Então Deus fez um milagre obviamente "incomum" e ressuscitou a menina dentre os mortos! O chefe convocou uma reunião imediata com os anciãos da aldeia que haviam testemunhado o acontecido, e então se voltou e declarou ao seu povo: "Durante muitos anos temos servido a Maomé, mas deste momento em diante, nossa aldeia será uma aldeia de Jesus!". É desnecessário dizer que uma igreja Deeper Life Bible agora está florescendo naquela aldeia.[6]

Usar os mesmos métodos hoje produzirá os mesmos resultados que a Igreja Primitiva experimentou, porque Cristo é "o mesmo ontem, e hoje, e eternamente" (Hebreus 13:8). E o principal método da Igreja Primitiva era a oração.

Jane Rumph, em seu livro *Stories from the Front Lines* (Histórias das Linhas de Frente), conta sobre Deus liberando Seu poder por meio da intercessão para curar um moinho de vento. Sim, um moinho de vento! Como Rumph diz:

Embora Ele geralmente opte por operar de acordo com os princípios que estabeleceu para governar o mundo, Deus não recuou e ficou passivo diante da Sua criação, renegando qualquer maior envolvimento com ela. O Senhor ainda é soberano sobre tudo que criou e pode, a qualquer momento, colocar de lado as leis da natureza quando isso servir aos Seus propósitos maiores.[7]

Eis uma versão abreviada das habilidades mecânicas de Deus usadas na cura do moinho de vento:

A água era considerada o líquido de ouro na região desértica e estéril do noroeste do Quênia, e o nômade Turkana que vivia ali dependia do moinho de vento que ficava próximo à sua casa para bombear centenas de galões de água diariamente. Quando a água parou de fluir, foi uma grande preocupação para toda a comunidade de Lorengalup. Randy Nelson e outro missionário tentaram sem êxito consertar o moinho de vento, mas finalmente entraram em contato com o empreiteiro do Quênia que o havia construído. Ele voou mais de seiscentos quilômetros para descobrir um dano irreparável (provavelmente causado pela areia). Ele percebeu que a bomba inteira precisava ser substituída. O empreiteiro voltou para casa, pretendendo enviar uma bomba para a substituição, mas não conseguiu encontrar nenhuma.

Randy subiu ao topo do moinho de vento e desligou-o, travando as pás com uma corrente de metal para impedir maiores danos. Em seguida, ele e sua família dirigiram oitocentos quilômetros até Nairobi, mas também não conseguiram localizar uma bomba na cidade. Sem outra solução disponível, antes de sair de Nairobi Randy entrou em contato com um colega nos Estados Unidos e pediu a ele que levasse uma bomba quando voltasse para lá cerca de dez dias depois.

Ao voltarem para casa, à medida que a família Nelson se aproximou de Lorengalup, eles ficaram estupefatos ao perceberem que as pás do moinho de vento estavam girando rapidamente. Quando estacionaram perto de casa, um jovem Turkana correu até eles, gritando as novidades: o moinho de vento estava novamente bombeando água. Ele prosseguiu, explicando que enquanto eles estavam fora, algumas mulheres decidiram orar pelo moinho de vento, assim como Randy lhes ensinara a orar pelos enfermos.

As mulheres Turkanas se reuniram em volta do moinho de vento, impuseram as mãos sobre ele, e oraram para que funcionasse. Elas continuaram por um tempo intercedendo e adorando intensamente. Pouco depois, um vento forte soprou contra o moinho de vento, a corrente de metal se partiu e as pás do moinho de vento começaram a girar. Ao verificarem o tanque de água, elas se regozijaram e louvaram a Deus por verem a água fresca fluindo do cano. Randy ficou atônito ao ver uma bomba quebrada que não podia funcionar puxando água do solo. Mas foi exatamente isso que aconteceu. A água continuou a fluir durante os dias seguintes, parando somente quando a nova bomba estava prestes a chegar dos Estados Unidos.

Atualmente existem mais de mil crentes Turkanas nômades, e a maioria já ouviu o notável testemunho de como o Deus que governa o universo responde orações relativas a necessidades pessoais e não tem dificuldade em curar um moinho de vento.[8]

A intercessão e a adoração daquelas queridas Quenianas subiram como incenso precioso até o trono de Deus. Ele se agradou da fé simples daquelas mulheres; na Sua grandeza e bondade, como Davi disse no Salmo 18:10, Ele "voou sobre as asas do vento" e curou o moinho de vento. Embora os nativos daquele lugar o chamassem ironicamente de demônio da poeira, aquele na verdade era um vento *paga,* liberado do trono de Deus, atingindo o alvo com precisão angelical e poder santo!

O oposto de poder é fraqueza ou incapacidade. É o que temos sem a ajuda do Espírito Santo. Romanos 8:26,27 nos diz:

> Da mesma forma o Espírito nos *ajuda em nossa fraqueza*, pois não sabemos como orar, mas o próprio Espírito intercede por nós com gemidos inexprimíveis. E aquele que sonda os corações conhece a intenção do Espírito, porque o Espírito intercede pelos santos de acordo com a vontade de Deus (ênfase do autor).

A palavra traduzida como "fraqueza" significa literalmente "a incapacidade de produzir resultados".[9] Isso certamente nos descreve em muitas situações. Essa passagem diz que o Espírito Santo quer nos ajudar nessas situações. Uma tradução mais literal da palavra "ajuda" seria "dominando junto com e contra".[10] O Espírito Santo quer acrescentar o Seu poder infinito à nossa força finita, nos ajudando a obter os resultados que precisamos. Isso está bem ilustrado na seguinte história:

> Durante uma cirurgia de coração, uma jovem esposa e mãe morreu na mesa de cirurgia. Ela foi ressuscitada por meio de aparelhos, mas nunca recuperou a consciência. Os médicos asseguraram que havia sido melhor assim, uma vez que o cérebro dela fora privado de oxigênio e nunca mais funcionaria adequadamente. O pastor e os outros irmãos consolaram o marido e oraram com ele.
>
> Três noites depois, o pastor despertou, percebeu que sua esposa não estava na cama, e foi procurar por ela. Encontrou-a deitada no chão da sala de visitas, gemendo. Quando lhe perguntou o que estava acontecendo, ela disse que não sabia e não entendia, mas não podia deixar a jovem mulher morrer.

Durante as três noites seguintes, ela ficou deitada no chão, gemendo e orando a noite inteira.

No dia seguinte, a mulher internada no hospital voltou a si de repente, surpreendendo os médicos. Sua mente estava lúcida e ela estava perfeitamente bem. O Senhor a havia restaurado para seu marido e seus filhos.

Precisamos entender o quanto somos dependentes do Espírito Santo em nossa vida de oração. A esposa do pastor entrou em intercessão por aquela mulher porque o Espírito de Deus deu a ela essa tarefa — e não porque ela resolveu fazer isso.[11]

Observe como os versículos de Romanos se cumpriram literalmente nessa situação. Em alguns momentos, a esposa do pastor só conseguia gemer em intercessão. Isso acontece ocasionalmente, quando um peso enviado pelo Espírito Santo se torna tão grande que, sem encontrar palavras para expressá-lo, a intercessão do Espírito Santo através de nós se transforma em gemidos ou até em um choro profundo. Alguns chamariam isso de "dores de parto".[12]

Às vezes as palavras simplesmente não são suficientes para expressar o fardo que há em nosso coração. Se isso acontecer com você, não fique alarmado. Simplesmente ore — como o Espírito Santo direcionar — até sentir uma liberação do fardo, ou até que a resposta venha.

Outro tipo de intercessão deve ser mencionado quando falamos sobre poder liberado por meio da oração, pois ele resulta em uma liberação de poder muito maior. É a oração de *concordância*. Em Mateus 18:18,19, Jesus nos diz:

Digo-lhes a verdade: Tudo o que vocês ligarem na terra terá sido ligado no céu, e tudo o que vocês desligarem na terra terá sido desligado no céu. Também lhes digo que se dois de vocês concordarem na terra em qualquer assunto sobre o qual pedirem, isso lhes será feito por meu Pai que está nos céus.

A unidade gera grande poder. Nós nos movemos com base em um princípio de multiplicação, e não de soma. Deus disse a Israel: "Cinco de vocês perseguirão cem, cem de vocês perseguirão dez mil, e os seus inimigos cairão à espada diante de vocês" (Levítico 26:8).

Esse princípio de sinergia é definido como "a ação combinada de duas ou mais pessoas que tem um efeito total maior do que a soma dos efeitos individuais".[13] Esse termo é usado nas Escrituras para descrever os membros do Corpo de Cristo atuando em conjunto.[14] Em Romanos 16:3, Filipenses 1:24 e 3 João 1:8, o Espírito Santo nos diz que o princípio da sinergia opera quando trabalhamos juntos, e isso certamente é verdade no que se refere à oração.

Gordon Lindsay, em seu livro *Oração que Transporta Montes*, compartilha a seguinte história de sinergia criada pelo poder da oração de concordância:

Em maio de 1940, os Panzers nazistas avançavam abertamente, e a Inglaterra parecia enfrentar sua pior derrota na história. O alto comando alemão afirmou: "O exército britânico está cercado e nossas tropas estão rumando para sua aniquilação". Na esfera natural, não havia esperança. Parecia que centenas de milhares de rapazes ingleses logo estariam mortos ou sofrendo nos campos de prisioneiros nazistas.

Um dia de oração foi convocado por Sua Majestade, o Rei, em 26 de maio, e Deus veio em defesa do Seu povo! Uma tempestade desceu sobre a área de Dunquerque, salvando os exércitos dos aviões nazistas. Depois Deus acalmou o mar, permitindo que os iates costeiros transportassem as tropas para longe das praias. Os mais otimistas esperavam que cerca de vinte ou trinta unidades pudessem ser salvas; na verdade, foi resgatado um número dez vezes superior.

O jornal *The Daily Sketch* declarou: "Nada semelhante aconteceu antes". Em toda parte, era dita a palavra "milagre", enquanto tanto soldados quanto civis faziam menção ao *dia de oração*. Talvez individualmente ninguém tivesse fé para ver aquele milagre acontecer, mas os cristãos se uniram em oração quando um rei teve fé para convocar a nação para orar em um momento de angústia. Deus respondeu e a nação foi salva.[15]

Quando você tiver dificuldade para virar a mesa ou para ter vitória em uma situação difícil, encontre um ou mais crentes para concordarem com você em oração. Muitas vezes, é aí que ocorre uma reviravolta. Cinco dos seis testemunhos compartilhados neste capítulo envolviam mais de uma pessoa intercedendo pela situação. Não tente lutar contra o adversário sozinho. Encontre alguém para ajudá-lo. Deus responderá às suas orações.

Frequentemente ao intercedermos, esquecemos que o poder do Espírito Santo está disponível a nós. Não cometa esse erro! Se não podemos apelar para o poder do céu, então por que estamos orando? Lembre-se de que você está apelando para um Deus Todo-Poderoso que intervém nos assuntos da Terra por meio das orações do Seu povo.

Peça. Creia que os relâmpagos cairão, e a Terra tremerá. Suas orações não estão presas à Terra; elas sobem até o trono de Deus como incenso precioso. O fogo e o poder de Deus serão acrescentados, e juntos, você e Deus formam uma equipe tremenda. Talvez você nunca restaure um moinho de vento ou levante um morto, mas poderá ver vidas transformadas, corpos curados e os espiritualmente mortos ressuscitarem — tudo porque você optou por ser parceiro do Deus do trovão e dos relâmpagos.

Que comecem as tempestades!

Vamos fazer esta oração juntos:

Pai, obrigado pelo Teu grande amor e pelo Teu tremendo poder. Preciso que os Teus trovões e os Teus relâmpagos sejam liberados sobre [especifique a necessidade]. Peço-Te que assumas o controle desta situação comigo. Ajuda-me na minha incapacidade de realizar o que é necessário demonstrando o Teu grande poder. Sei que Tu fazes milagres hoje, Senhor. Vem ao meu encontro com um dos Teus milagres na minha hora de necessidade. Creio no Teu grande poder e peço-Te por ele em nome de Jesus. Amém.

Você Entendeu?

•

1. Como o trovão e o relâmpago exemplificam a intercessão?

2. Cite alguns dos exemplos bíblicos do poder de Deus sendo liberado por meio da oração.

3. Que grandes verdades são apresentadas em Romanos 8:26,27?

4. O que sinergia tem a ver com intercessão?

5. Você não adora estudar a Palavra de Deus? Não é bom demais estudar a Palavra de Deus?

Capítulo Nove

A Perseverança da Intercessão

·

Não sei por que certas coisas acontecem comigo. Houve um dia em que, por exemplo, eu estava fazendo um discurso com muito conhecimento de causa sobre o tema "renovação da mente" na cidade de Detroit, em Michigan. Na manhã de sábado eu ministraria durante as quatro horas finais de um curso de dez horas. Naquele dia, depois de três horas de dissertação cativante, uma preciosa senhora demonstrou estar extremamente impressionada com meu ensino. Minhas palavras produziram tamanha paz em sua alma inquieta que ela pegou no sono.

Não gosto de me gabar, mas nem todos conseguem produzir esse tipo de revelação que deixa a mente tão dormente, e uma verdade que tranquilize tanto a alma. Isso é que é paz. São necessários anos de estudo e de aprendizado para se amadurecer até chegar a esse ponto na arte da retórica.

Para tornar a situação ainda mais significativa, aquela senhora roncava. A sala nem era tão grande — havia provavelmente cem pessoas sentadas ao redor de mesas que acomodavam de oito a dez pessoas — e todos estavam dentro de um raio que lhes permitia ouvir aquele "endosso do mais alto grau" (o ronco) que apoiava minha mensagem.

O primeiro ronco não foi tão alto. Era apenas um pequeno aquecimento para aqueles que estavam a cerca de nove metros dela. Os que estavam sentados próximos a ela foram graciosos o bastante para não acordá-la, a fim de que o efeito total daquele aplauso nasal pudesse permanecer. Alguns tolos poderiam tê-la despertado, nos roubando essa benção.

O segundo ronco foi melhor, um elogio ainda mais digno de um ensino tão glorioso, que alcançou mais da metade da sala. Os que estavam ao redor dela, apreciando o efeito impressionante que tais roncos de louvor produziam, novamente permitiram que ela continuasse. Fiquei estupefato. Muitas pessoas, incapazes de discernir o que estava acontecendo, teriam despertado a senhora com uma cutucada.

O terceiro ronco atingiu sua plena intensidade. Era um tipo de zzzzzzzzzzs de que os sonhos são feitos — digno do livro de recordes — despertando a todos para o grave conteúdo de minhas profundas e comoventes palavras. Todos os olhos estavam fixos naquela pacífica mulher.

"Este", gritei, aproveitando a oportunidade, "é o tipo de tranquilidade profunda de que estou falando. Que o poder das minhas palavras possa tocar cada um de vocês da mesma forma. Aleluia!".

A senhora, despertada com o meu grito, sentou-se falando um "amém!" alto e sobressaltado, que acrescentou um peso ainda maior às minhas palavras. Saboreando a doçura do momento, decidi ser aquela uma boa hora para um *coffee break*. Pude ver, pelos sorrisos e risos discretos, que todos foram grandemente abençoados.

Um CD sobre a referida apresentação, intitulada "Sons da Serenidade", pode ser encomendada ao meu departamento de CDs.

Há vários anos em Oklahoma, outra mulher ajudou-me com uma de minhas mensagens. Eu estava comentando sobre os seguintes versículos: "... não se tornem negligentes, mas imitem aqueles que, por meio da fé e da paciência, recebem a herança prometida" (Hebreus 6:12) e "Por isso, não abram mão da confiança que vocês têm; ela será ricamente recompensada. Vocês precisam perseverar, de modo que, quando tiverem feito a vontade de Deus, recebam o que ele prometeu" (Hebreus 10:35,36).

Argumentando de forma veemente a favor da necessidade de termos paciência e tolerância para recebermos respostas às nossas orações, compartilhei a seguinte história.

Certa noite, um homem teve um sonho no qual ele ganhara um passeio pelo céu acompanhado por um anjo. Ele viu as ruas de ouro, as belas mansões e milhões de santos andando por aquele lugar maravilhoso.

Então ele viu um grande prédio, de quilômetros de comprimento, que parecia fora de lugar. "O que é aquilo?" perguntou ele ao anjo.

"Aquilo é o armazém de Deus", foi a resposta. "É onde Deus guarda o que Ele preparou para entregar às pessoas em resposta às suas orações. Porém, mesmo antes que Ele pudesse fazer isso, elas desistiram da esperança, perderam a fé e duvidaram da Sua promessa. Como a incredulidade delas impediu que Deus distribuísse essas respostas, Ele as armazena no Seu depósito".

"Uau!" disse o homem. "Posso olhar lá dentro?".

"É claro!" disse o anjo, e começou a mostrar ao homem dinheiro, casas, carros, barcos, roupas, comida — absolutamente tudo que possamos imaginar — guardado naquele imenso armazém.

No exato momento em que eu concluía minha poderosa argumentação — não desista, abrindo mão da sua confiança; afinal, você não quer que a sua provisão fique guardada no armazém celestial de Deus — uma senhora baixinha que estava sentada na primeira fila levantou sua voz. Com uma voz patética, esganiçada, trêmula e quase entrecortada por lágrimas, ela perguntou: "Havia algum *homem* lá?".

Não sei se Deus tem um armazém, e se Ele tiver, duvido que haja algum homem nele, mas acredito que é possível pedir alguma coisa a Deus e não recebê-la porque a nossa fé vacilou durante o tempo de espera. *Precisamos de paciência e perseverança na intercessão. Precisamos perseverar na nossa oração e ter uma tolerância paciente com a nossa fé.*

Observe as advertências de Gálatas 6:9 e Tiago 1:6,7: "E não nos cansemos de fazer o bem, pois no tempo próprio colheremos, se não desanimarmos". "Peça-a, porém, com fé, sem duvidar, pois aquele que duvida é semelhante à onda do mar, levada e agitada pelo vento. *Não pense tal pessoa que receberá coisa alguma do Senhor*" (ênfase do autor).

A colheita no devido tempo vem "se não desanimarmos". E "aquele que duvida" não deve achar "que receberá coisa alguma do Senhor". Isso nos diz claramente que podemos deixar de receber algo que pedimos a Deus, não porque não seja a vontade de Deus dá-la a nós, mas porque não perseveramos em crer ou em orar. Não gosto disso tanto quanto você, mas precisamos reconhecer a verdade das Escrituras.

Persistir em oração pode significar perseverar em um período de oração prolongado, ou perseverar em muitos períodos de oração por um tempo prolongado. Certa ocasião, Elias persistiu orando sete vezes por chuva. Embora tenham sido sete orações, elas foram feitas durante um período de oração prolongado (ver 1 Reis 18:41-45). Daniel orou por vinte e um dias, diversas vezes por dia, até que o anjo do Senhor rompeu a guerra espiritual travada nos céus e trouxe a resposta (ver Daniel 10). Jesus orou por três horas no jardim até conseguir vencer a oposição e ser capaz de enfrentar a cruz (ver Mateus 26:36-46).

Orei por uma jovem que estava em coma. Fiz isso uma hora ou duas todas as semanas durante um ano até que ela foi milagrosamente curada. Orei uma hora por dia durante um mês antes que minha mulher fosse curada de um cisto no ovário. George Muller, um intercessor grandemente usado por Deus nos anos 1800, testemunhou que tinha conhecimento de pelo menos cinquenta mil respostas específicas às suas orações. Ele dizia o seguinte sobre a necessidade de perseverarmos em oração:

> O ponto principal é nunca desistir até que a resposta venha... O grande erro dos filhos de Deus é que eles não continuam orando; não persistem na oração; eles não perseveram. Se eles desejam alguma coisa para a glória de Deus, devem orar até que a obtenham. Ah, como é bom, gracioso, bondoso e generoso Aquele com quem temos de tratar![1]

Muller orou pela salvação de um homem por sessenta e três anos! O homem recebeu a Cristo depois da morte do pregador, de pé diante de seu túmulo. A persistência venceu mais uma vez!

Vista por meio de binóculos, a Nebulosa Anular, na constelação de Lira, parece um anel de fumaça. Ela na verdade é uma estrela em processo de explosão, e sua luz atingiu a terra pela primeira vez em 1054. Na época ela era uma supernova, que brilhava com a mesma intensidade durante o dia. Embora não seja tão brilhante agora, ela ainda está explodindo e se expandindo à velocidade de cem milhões de quilômetros por dia. É interessante olhar algo se expandindo a essa velocidade e não vê-lo se mover. Seu tamanho aparente não aumenta. Suas fotografias tiradas há quinze anos parecem idênticas às atuais.

O processo da oração geralmente se parece com essa nebulosa. Acontecimentos imensos nem sempre são visíveis a olho nu — principalmente na esfera espiritual. Às vezes oramos, oramos e aparentemente não vemos nenhuma mudança. Mas isso só é real sob o nosso ponto de vista. Se pudéssemos conhecer o ponto de vista do céu, saberíamos o que Deus está fazendo e pretendendo fazer. Veríamos Deus trabalhando nos corações de uma forma que não podemos entender. Veríamos Deus orquestrando circunstâncias sobre as quais nada sabemos. Veríamos uma galáxia de detalhes sendo organizados para o momento em que Deus trouxesse a resposta.[2]

Sim, a oração contínua e persistente é necessária. Mas por quê? Estamos muito mais aptos a fazer alguma coisa — principalmente se for algo difícil, como a oração persistente — se entendermos por que ela é necessária. Por que precisamos perseverar em oração? O que causa o atraso nas respostas à oração?

Em primeiro lugar, deixe-me explicar o que NÃO está acontecendo quando perseveramos em oração. Não estamos convencendo Deus a fazer alguma coisa. Não estamos mudando a Sua vontade. A passagem bíblica de 1 João 5:14,15 nos diz: "Esta é a confiança que temos ao nos aproximarmos de Deus: se pedirmos alguma coisa *de acordo com a vontade de Deus*, ele nos ouvirá. E se sabemos que ele nos ouve em tudo o que pedimos, sabemos que temos o que dele pedimos" (ênfase do autor).

Devemos pedir aquilo que está de acordo com a vontade revelada de Deus nas Escrituras. Portanto, nossa perseverança não é necessária com o objetivo de vencer uma hesitação ou relutância da parte de Deus. Devemos sempre nos lembrar de que estamos lidando com um Deus totalmente sábio. Ele não precisa ficar refletindo sobre algo por algum tempo, tentando descobrir se aquilo é certo, ou se Ele deve ou não dá-lo a nós.

Sim, há vezes nas Escrituras em que a intercessão ou a mudança no coração do povo fez com que Deus *mudasse de ideia*. A intercessão de Abraão por Sodoma, a intercessão de Moisés por Israel e o arrependimento de Nínive fizeram com que Deus mudasse Seus *planos* (ver Gênesis 18:20-33; Êxodo 32:7-14, João 3:4-10). É importante perceber, contudo, que a *vontade* e o *coração* de Deus nunca mudaram nessas situações.

O que realmente estava acontecendo? Como um Deus justo e santo, Ele precisa julgar o pecado. Mas Ele também é amor e, como tal, deseja perdoar e redimir. Como indicamos no capítulo 2, Ele opera por meio de nós seres humanos — nossas orações, nossos atos, e coisas semelhantes — e Ele se limitou enormemente ao tomar essa decisão. Quando Deus consegue encontrar alguém através de quem operar, a Sua vontade é realizada. Quando não consegue encontrar alguém, a Sua vontade naquela situação é geralmente frustrada.

Os exemplos acima — Abraão, Moisés e Nínive — demonstram que a santidade de Deus exigia um julgamento, mas Seu desejo era perdoar. Sua *ideia* ou Seus *planos* foram mudados pela oração, e não Sua *vontade*.

Quais são, então, os motivos para os atrasos nas respostas às orações, fazendo com que tenhamos de persistir em intercessão e fé? Em primeiro lugar, um elemento vital é sempre o tempo perfeito de Deus. Três palavras no Antigo Testamento definem os diferentes estágios do tempo. Um deles envolve o tempo em geral,[3] o outro o tempo estratégico ou oportuno[4] — uma janela de oportunidade, por exemplo — e o terceiro é uma palavra que significa a plenitude dos tempos.[5]

As Escrituras nos dizem que Jesus nasceu na plenitude dos tempos (ver Gálatas 4:4). Embora tenha sido muitos anos depois da queda da humanidade, Deus, em Sua infinita sabedoria, conhece o tempo perfeito para todas as coisas. Ele esperou até o momento certo na história para enviar Cristo à Terra.

Ana, uma mulher estéril em Israel, esperou vários anos para que Deus atendesse às suas orações por um filho (ver 1 Samuel 1). No tempo certo, porém, Deus lhe deu um filho, Samuel, que se tornou um grande profeta em Israel. Deus não apenas queria atender à oração dela, como também atender à Sua necessidade de ter um profeta. Estou certo de que ela questionou a demora, mas a história nos diz o motivo.

O mesmo pode-se dizer a respeito do nascimento de João Batista. Sua mãe, Isabel, também era estéril. Deus esperou muitos anos para atender ao desejo dela e de Zacarias de ter filhos. Ele fez isso a fim de trazer esse filho ao mundo exatamente no tempo certo (ver Lucas 1:5-25). Estou certo de que eles questionaram o motivo, mas Deus conhecia a "plenitude" dos tempos.

Abraão e Sara esperaram vinte e cinco anos pelo cumprimento da promessa de Deus de lhes dar um filho. Foi preciso esperar o tempo perfeito de Deus (ver Gênesis 12:1-7; 21:1-5). Isso não apenas cumpriu os planos de Deus, como tenho certeza de que também trabalhou o caráter e outras características daquele casal. Tiago 1:3 nos diz: "... a prova da sua fé produz perseverança".

Isso nos conduz ao segundo motivo para a demora nas respostas às orações. Em geral, Deus pode nos ensinar verdades e edificar o nosso caráter durante o período de espera de uma forma que nenhum outro processo poderia fazer. Quando passei um ano orando por aquela jovem em coma, Deus me ensinou muitas coisas, entre as quais a mais importante foi a paciência e a resistência. Ele também aumentou minha compaixão pelas pessoas que estavam sofrendo durante esse período. Ele me ensinou o poder de certas formas de oração e que elas geralmente operam em conjunto. Existem simplesmente algumas coisas que Deus pode operar em nós durante os períodos de espera e perseverança que Ele não pode fazer de nenhuma outra forma.

Uma visão comum no deserto do sudoeste da América é o agave (*Agave Americana*), ou *planta do século*. A planta do século floresce em locais rochosos, montanhosos e desérticos. Ela possui folhas de aparência surpreendente, dilatadas, que crescem até trinta centímetros de largura. A planta chega a atingir seis metros de diâmetro.

Mas o que torna a planta do século inusitada, como seu nome sugere, é o seu longo ciclo reprodutivo. Durante vinte ou trinta anos (não, não é um período literal de cem anos), a planta de um metro e oitenta permanece na mesma altura e não dá flores. Então, em um determinado ano, sem aviso prévio, um novo botão brota. O botão, que se parece com a ponta de um aspargo do tamanho do tronco de uma árvore, se lança em direção ao céu na velocidade fantástica de sete polegadas por dia e atinge uma altura que pode chegar a doze metros. Então ela se coroa com diversas protuberâncias de flores amareladas que duram até três semanas.

Assim como a planta do século, muitas das coisas mais gloriosas que nos acontecem só ocorrem depois de uma longa espera.[6]

Um terceiro motivo para a demora nas respostas às orações é a necessidade de Deus trabalhar em outras pessoas envolvidas na resposta. Por exemplo, se a nossa intercessão for pela salvação de alguém, pode levar tempo — às vezes muito tempo — para que Deus possa mudar o coração e os desejos dessa pessoa. Se estou orando pela libertação de alguém de alguns hábitos ou de outras fortalezas, pode ser que Deus demore algum tempo para levar essa pessoa ao nível de compreensão necessária para mudar, assim como foi o caso do homem por quem Muller orou por sessenta e três anos. Resumindo, as circunstâncias costumam impedir que Deus responda a uma oração rapidamente.

Epafras "combateu" em oração para que os Colossenses amadurecessem na sua caminhada com Cristo (ver Colossenses 4:12). O amadurecimento requer tempo. Epafras sabia disso e perseverou — combateu — na sua intercessão.

Em último lugar, saiba que quando a nossa intercessão está liberando o poder do Espírito Santo para vencer os poderes das trevas, esse processo geralmente leva tempo. Embora talvez não estivesse ciente disso, o personagem bíblico Daniel estava envolvido em uma "guerra espiritual" enquanto intercedia pela restauração de Israel. Suas orações estavam afetando a esfera espiritual, onde uma grande batalha estava sendo travada entre anjos e demônios. Anjos foram despachados para atender às orações, mas os poderes demoníacos os seguravam (ver Daniel 10:12,13). O problema não era se Deus podia ou não dominar o reino de Satanás — Ele certamente podia — mas se haveria ou não envolvimento em oração suficiente, humanamente falando, para liberar o Seu poder. Mais uma vez, Deus trabalha por meio de pessoas, e a pessoa em questão nesse caso era Daniel.

Paul Billheimer, em seu maravilhoso livro *Seu Destino é o Trono*, diz a respeito da intercessão de Daniel:

> Daniel evidentemente entendia que a intercessão tinha um papel a desempenhar no cumprimento da profecia. Deus havia dado a profecia. *Quando chegou o momento do seu cumprimento, Ele não a cumpriu arbitrariamente fora do Seu programa de oração. Deus procurou um homem sobre cujo coração poderia colocar um peso de intercessão... Como sempre, Deus tomou a decisão no céu. Um homem foi chamado para colocar essa decisão em prática na Terra por meio da intercessão e da fé.*[7]

Jane Rumph compartilha a seguinte história de intercessão perseverante que, após um período prolongado, rompeu com as fortalezas do inimigo:

> A batalha espiritual sobre Sri Kuncoro na Indonésia travou-se por muitos anos. Embora conhecida como um centro de prostituição, havia um pastor local que não estava disposto a entregar aquele território a Satanás, e por isso organizou "passeios de oração". Mês após mês, ano após ano, os intercessores se reuniram para louvar e adorar antes de passarem o resto da noite orando em diversos pontos, aos quais eles se dirigiam de

carro, cobrindo assim toda a cidade. Esses guerreiros de oração amarraram os espíritos demoníacos e declararam que o engano sobre aquela área estava quebrado por meio da autoridade de Cristo. Eles clamaram pedindo que os habitantes fossem libertos das garras do inimigo e recebessem Jesus Cristo como seu Senhor e Salvador.

Embora não houvesse mudanças aparentes na esfera natural, na esfera espiritual os golpes contínuos de intercessão dessas pessoas fiéis racharam as fortalezas do inimigo. Anos depois, as muralhas invisíveis das trevas foram derrubadas quando um habitante de Sri Kuncoro foi curado de forma dramática de tuberculose e de anos de paralisia. Aquele homem e sua família se tornaram cristãos, e os vizinhos, estupefatos diante dessa cura milagrosa, também se achegaram a Deus. O relato desse milagre espalhou-se e, dois anos depois, cinquenta novos convertidos haviam sido batizados.[8]

Como podemos ver nessa história, um milagre pode gerar resultados bastante abrangentes. Em Atos 9:32-35, lemos sobre uma experiência semelhante no ministério de Pedro:

Viajando por toda parte, Pedro foi visitar os santos que viviam em Lida. Ali encontrou um paralítico chamado Enéias, que estava acamado fazia oito anos. Disse-lhe Pedro: "Enéias, Jesus Cristo vai curá-lo! Levante-se e arrume a sua cama". Ele se levantou imediatamente. Todos os que viviam em Lida e Sarona o viram e se converteram ao Senhor.

Quando toda uma cidade ou região recebe a Cristo depois de uma única cura, existe a possibilidade de que o milagre tenha rompido uma barreira demoníaca invisível. A passagem bíblica de 2 Coríntios 4:4 diz: "O deus desta era cegou o entendimento dos descrentes, para que não vejam a luz do evangelho da glória de Cristo, que é a imagem de Deus". Quando esses causadores de cegueira são arrancados da mente dos incrédulos pelo poder de Deus, eles passam a poder ver a verdade claramente como nunca, e podem entender e responder ao evangelho. Isso costuma levar tempo, assim como foi o caso em Sri Kuncoro. O milagre que trouxe a reviravolta na situação veio depois de meses de intercessão constante.

Mencionei ter orado por minha esposa Ceci por trinta dias, pela cura de um cisto no ovário. Sabíamos, com base nos seus sintomas e nos relatórios médicos, que o cisto estava encolhendo ao longo desse processo. O poder do Espírito Santo estava sendo liberado de forma consistente para curá-la, mas acreditamos que minhas orações liberavam esse poder. Nesse caso, o Senhor escolheu não operar um milagre instantâneo, como geralmente é o caso, mas por intermédio do poder liberado continuamente pela intercessão persistente.

> Quando Dwight Eisenhower era garoto, ele caiu e machucou a perna. Dois dias depois, ele não podia mais andar e ficou acamado. Quando o médico o examinou, disse que a infecção era tão grave que em sua opinião a perna não poderia ser salva. Dwight insistiu para não cortarem sua perna, e como seus pais não estavam inteiramente convencidos de que a amputação era necessária, eles não seguiram a recomendação médica. Conforme o médico havia previsto, o estado de Dwight tornou-se mais crítico — sua febre aumentou e a infecção se espalhou pela perna. O médico ficou extremamente frustrado por não darem ouvidos ao seu conselho, e disse que a vida de seu filho estava nas mãos deles. Os Eisenhowers, lembrando-se

de sua fé em Deus e firmados na convicção do seu pastor com relação à cura por meio da fé, iniciaram uma vigília de oração ao lado da cama de Dwight. Cada membro da família se revezava, de modo que havia sempre alguém ao lado dele, orando por sua cura. Quando o médico voltou, ficou impressionado ao ver a melhora no estado de Dwight. A vida de Dwight Eisenhower foi salva, e mais tarde ele se tornou o presidente dos Estados Unidos da América.[9]

Não se pode provar que a intercessão contínua da família de Eisenhower estava liberando poder para curar Dwight, mas essa é certamente uma explicação razoável. Uma palavra de precaução deve ser dada aqui. Acredito que Deus trabalha por meio dos médicos e da medicina. Geralmente a decisão mais sábia é seguir seu conselho. Deve-se buscar diversas confirmações e o conselho de líderes espirituais maduros antes de optar por uma decisão como a tomada pelos Eisenhowers.

O Senhor nos instrui a não "desanimarmos" nos nossos esforços de oração: "E não nos cansemos de fazer o bem, pois no tempo próprio colheremos, se não desanimarmos" (Gálatas 6:9). A palavra grega usada para "desanimar" significa *perder a coragem e ficar atemorizado*. Ela é usada no sentido de estar em meio a um infortúnio ou a uma situação desesperadora. Paulo usou-a duas vezes em 2 Coríntios 4:1,16 para descrever as dificuldades sofridas em seu ministério apostólico. Ele foi apedrejado, espancado, sofreu naufrágios, foi rejeitado e sofreu inúmeras outras dificuldades, mas estava determinado a não desanimar nem desistir. Quando enfrentamos dificuldades e atrasos na nossa intercessão, precisamos buscar no fundo do nosso espírito a resistência fornecida pelo Espírito Santo, e nos certificarmos de que não desanimaremos.

O Mont Blanc, o pico mais alto dos Alpes, é tremendamente difícil de ser escalado. Aqueles que tentam escalá-lo devem levar apenas artigos essenciais. Um homem desdenhou dessa sabedoria e levou consigo os seus "artigos essenciais": notebooks, vinhos, guloseimas finas, um boné especial, um cobertor colorido e uma câmera. À medida que o homem subia, esses "artigos essenciais" perderam seu valor e foram abandonados à beira do caminho. Ele chegou ao topo, mas só depois de abrir mão de tudo que não era realmente essencial — sua interpretação do que era "essencial" havia mudado drasticamente.

Um professor certa vez comparou essa história à sua vida: "Quando eu era jovem, o alimento, as roupas e os relatos das minhas experiências para impressionar o mundo eram importantes. Aos quarenta anos, só as roupas que me mantinham aquecido importavam; aos cinquenta, eu só precisava de alimentos que me dessem força. Aos sessenta, minha 'escalada' se tornou tão íngreme que eu só queria chegar ao topo — as opiniões dos outros não significavam nada".

Muitas pessoas, percebendo a problemática envolvida no que é realmente "essencial" para elas, decidem abdicar do topo e se contentar com uma posição inferior na qual possam ficar confortáveis com seus planos e acessórios. E melhor ainda é considerar o caso de Jesus! Ele abriu mão de tudo que o impedia para cumprir o plano de Deus. Também devemos fazer isso para cumprirmos plenamente o propósito colocado diante de nós.[10]

Considerei a hipótese de abandonar muitas "escaladas" de oração. Não estava certo de que teria o tempo, a energia e a disciplina para continuar. Quando optei por seguir em frente, porém, percebi que para concluir minha escalada eu precisaria abandonar alguns elementos não essenciais: a tevê, certos prazeres, às vezes até uma refeição ou duas. Quando cheguei ao topo — a oração atendida — percebi o quanto aquelas outras coisas não eram importantes.

Oração requer tempo. Requer energia. Muitas vezes é simplesmente a disciplina espiritual da persistência que faz a diferença. Nós, os habitantes do Ocidente, desenvolvemos a mentalidade do "agora". Fomos maravilhosamente mimados pelas conveniências da nossa cultura, sejam elas o micro-ondas ou o *fast-food*. Há situações, porém, em que a única solução é desacelerar, ir bem devagar e decidir chegar até o fim. A vida é uma maratona e não uma corrida de curta distância. Na maior parte do tempo, a intercessão também o é. Decida-se agora, de uma vez por todas, a ser alguém que permanece até o fim.

Nós nos vemos no topo!

Vamos fazer esta oração juntos:

Pai, sei que Tu tens a plenitude dos tempos para a minha situação. Oro para que Tu me dês forças para perseverar e não desanimar nem desistir. Sei que estás trabalhando o Teu caráter em mim enquanto espero, e eu Te agradeço por isso.

Quero ser como o Daniel dos tempos antigos, que perseverava em meio à guerra espiritual e fazia com que a batalha nos céus fosse vencida pelas forças da justiça. Assim como Ana, não apenas quero que as minhas necessidades sejam atendidas, como quero que os Teus propósitos sejam cumpridos também. Ajuda-me a ser sempre alguém que permanece, liberando o fruto da perseverança. Em nome de Jesus, eu oro. Amém.

Você Entendeu?

●

1. É possível pedir algo a Deus com fé e ainda assim não receber a resposta? Que versículos dão prova disso?

2. A vontade de Deus muda por causa das nossas orações? Explique.

3 Quais são os três tipos de tempos nas Escrituras? Como eles se relacionam com a intercessão?

4. Outras pessoas às vezes causam demora nas nossas orações? Como é possível?

5. Você tem alguma coisa "armazenada" no céu?

Pró-atividade na Intercessão

*Q*uando estava cursando o ensino médio, eu jogava futebol americano em uma pequena escola do interior. Era um pequeno zagueiro que precisava se defender de pequenos atacantes que mandavam muitos bloqueios e diziam: "cuidado", "cuidado, Dutch!". Os resultados eram previsíveis: um nariz quebrado, um ombro deslocado, um joelho inutilizado, nove pontos debaixo do olho, costelas contundidas, duas concussões importantes, dores nas costas hoje devido a uma costela ligeiramente deformada, e alguns *danos cerebrais!*

Desenvolvi reflexos excelentes, a capacidade de *reagir* rápido a atacantes defensivos e a jogadores de defesa sádicos que recebiam estrelas nos capacetes e eventuais bolsas de estudo por darem a pequenos zagueiros um nariz quebrado, ombros deslocados, joelhos inutilizados... Acho que você entendeu como funciona.

Frequentemente somos *defensivos* no que se refere a Satanás. Qual é o resultado? Você já adivinhou: rompimentos, machucados, separações e várias outras baixas espirituais. Precisamos aprender a ser *pró-ativos* na nossa intercessão. Precisamos aprender a não esperar os ataques de Satanás para depois reagirmos, mas a orar pró-ativamente contra os roubos, a morte e a destruição do "ladrão" (ver João 10:10).

Isso descreve bem um conceito de oração conhecido como *intercessão do atalaia*.[1] Isaías 62:6 diz: "... Jerusalém, sobre os teus muros pus atalaias, que não se calarão nem de dia, nem de noite; ó vós, os que fazeis lembrar ao Senhor, não descanseis" (ARA).

Duas passagens bíblicas do Novo Testamento também mencionam a função de atalaia assumida pela intercessão. O primeiro é Efésios 6:18: "Orem no Espírito em todas as ocasiões, com toda oração e súplica; tendo isso em mente, *estejam atentos* e perseverem na oração por todos os santos" (ênfase do autor). A versão Almeida Atualizada utiliza a palavra "vigiando" para a expressão "estejam atentos".

O segundo versículo é 1 Pedro 5:8: "Estejam alertas e *vigiem*. O Diabo, o inimigo de vocês, anda ao redor como leão, rugindo e procurando a quem possa devorar" (ênfase do autor). Mais uma vez, outras versões usam a palavra "vigiar". O contexto de ambos os versículos é a guerra espiritual. Cada um deles menciona o nosso adversário e nos desafia a estarmos alertas ou vigilantes, tanto em relação a nós mesmos como a nossos irmãos e irmãs em Cristo.

Frequentemente os cristãos interpretaram esses versículos como sendo apenas reativos — em outras palavras, como se devessem esperar pelo ataque e depois verificar quais foram as perdas e os danos. Embora a intercessão possa certamente liberar a redenção de Deus sobre as situações destruidoras, Deus nos oferece muito mais do que "bloqueios de segurança" e análise de danos. Ele deseja nos advertir *antecipadamente* sobre os ataques de Satanás a fim de que possamos orar pelos outros e construir os limites de proteção de que falamos no capítulo 7. Essa é a intercessão do atalaia.

Não pretendo sugerir que cada acontecimento negativo seja resultado direto da operação de Satanás. Entendo que o nosso próprio descuido, o descuido de outros, a maldição do pecado no nosso mundo caído e outras causas resultam em acidentes, doenças e outras situações destrutivas. Creio que há uma proteção, por meio da intercessão do atalaia, tanto contra os ataques satânicos quanto contra as adversidades decorrentes de outras causas.

As palavras hebraicas do Antigo Testamento traduzidas como "atalaia" ou "vigia" têm a conotação básica de proteger ou preservar por meio da vigilância atenta.[2] As palavras gregas do Novo Testamento têm os mesmos significados implícitos, embora seus significados literais sejam "estar desperto" ou "insone", como no caso das sentinelas ou atalaias noturnos.[3] A história a seguir exemplifica o conceito de atalaia.

A associação Aglow International estava realizando sua conferência anual em Denver, Colorado, no ano de 1992, quando Cindy Jacobs interrompeu a reunião trazendo um alerta de socorro que havia acabado de receber do Senhor para Bob Byerly, Jim e o filho de Bobbye Byerly. Bobbye, que era então o presidente nacional da Aglow International, estava na plataforma. Bob era, e ainda é, um policial na região de Denver. Cindy explicou a urgência e a seriedade do que ela estava sentindo, e então conduziu os presentes em um período poderoso de intercessão pela segurança imediata de Bob — para que Deus o protegesse contra os ataques do inimigo.

Bobbye falou mais tarde com seu filho e descobriu o que havia acontecido naquela noite. Quando foi prestar assistência a uma ameaça de suicídio, um homem que declarou querer matar um policial, atirou nele e em outro policial. Felizmente, as balas passaram por cima da cabeça deles, e eles escaparam de serem feridos. Um acontecimento potencialmente trágico havia sido evitado quando as pessoas deram ouvidos à advertência estratégica do Espírito Santo e oraram pela proteção imediata de Bob.

Isso é intercessão pró-ativa de atalaia!

2 Coríntios 2:11 é um versículo tremendo, que derrama uma luz maravilhosa sobre o nosso tema: "A fim de que Satanás não tivesse vantagem sobre nós; pois não ignoramos as suas intenções". A palavra "ignorar" significa "estar sem conhecimento ou entendimento".[4] A palavra "intenções" significa literalmente "pensamentos", mas também significa "planos, esquemas, tramas e artifícios", já que essas coisas nascem na mente.[5]

Esse versículo nos mostra que Deus não quer que fiquemos sem conhecimento ou entendimento a respeito da maneira como o inimigo pensa e opera — os seus planos, tramas, esquemas e artifícios. Portanto, podemos presumir que Ele está disposto a revelá-los a nós. Ele certamente queria que o Corpo de Cristo tivesse conhecimento do plano do inimigo contra Bob Byerly em outubro de 1992. O Senhor deu a Cindy Jacobs o entendimento da necessidade imediata de oração, ela alertou os presentes, a função intercessória do atalaia entrou em ação, e o plano do inimigo fracassou.

E se eles não estivessem cientes dos planos de Satanás naquela noite? O inimigo poderia ter levado vantagem sobre Bob. A palavra "vantagem" significa "ter ou tomar posse da maior parte". Outros significados incluem "fazer presa, defraudar e ter vantagem sobre".[6] Satanás tem muita vantagem sobre aqueles que não estão cientes das suas artimanhas.

Vamos analisar o versículo novamente com todos esses conceitos incluídos: "No grau em que ignoramos a maneira como o nosso adversário pensa e opera — seus planos, estratagemas, esquemas e artifícios — nesse grau ele tem vantagem sobre nós, nos faz suas presas, defrauda o que é nosso, e tem ou toma posse da maior parte".

A maior parte do quê? Seja do que for! Nosso lar, nosso casamento, nossa família, nossa comunidade, nosso dinheiro, nosso governo, nossa nação, e muito mais. Há vinte e cinco anos a Igreja não tinha entendimento do que Satanás estava planejando, e ele tomou posse da maior parte das nossas escolas. O mesmo poderia ser dito do nosso governo e de muitas das nossas igrejas!

Quero extrair quatro conclusões dos três versículos que utilizamos — Efésios 6:18, 1 Pedro 5:8 e 2 Coríntios 2:11:

1. *A proteção contra os ataques do nosso inimigo — até para os crentes — não é automática.* Há um papel que nós precisamos exercer. Embora Deus seja soberano, isso não significa que Ele esteja literalmente no controle de tudo que acontece. Ele deixou muitas coisas a cargo da decisão e das ações da humanidade. Se Deus fosse proteger ou nos guardar dos ataques de Satanás independentemente do que fizéssemos, estes versículos seriam totalmente irrelevantes para os cristãos. Em algum ponto da nossa teologia, precisamos encontrar um lugar para a responsabilidade humana. Em algum ponto precisamos começar a crer que nós importamos, somos relevantes, para nós mesmos e para os outros.

2. *O plano de Deus é nos advertir ou alertar quanto às táticas de Satanás.* Isso se deduz pelo simples fato de Deus dizer que não devemos ignorar as táticas de Satanás. Ao fazer isso, Ele deve estar disposto a nos fazer cientes delas. Se Ele diz para estarmos vigilantes, deve significar que se estivermos, Ele nos alertará. Deus não nos pediria alguma coisa que não nos capacitasse para realizar.

3. *Precisamos estar alertas — permanecer vigilantes — ou não perceberemos as tentativas de Deus nos advertir contra os ataques e planos de Satanás.* Se eles fossem sempre óbvios, não seria necessária a vigilância. Isaías 56:10 fala das sentinelas cegas. Que imagem! Temo que essa seja uma ótima descrição de muitos de nós em nosso papel de atalaias. Muitas vezes somos como os discípulos da antiguidade: Temos olhos, mas não vemos (ver Marcos 8:18). É hora de fazermos mais do que contemplar; precisamos vigiar cautelosamente!

4. *Se não estivermos alertas e vigilantes, se ignorarmos os planos de Satanás, ele tomará a maior parte.* Ele terá vantagem sobre nós, aproveitando-se da nossa ignorância. Poderemos realmente ser destruídos devido à ignorância (ver Oséias 4:6).[7]

A boa notícia é que Deus não pretende que Satanás leve vantagem sobre nós. Ele nos alertará sobre os planos dele, se prestarmos atenção e permanecermos alertas. Adão, o primeiro atalaia da Bíblia, falhou nisso em Gênesis 2:5. Deus disse a ele para "guardar" o jardim. A palavra "guardar", embora não seja traduzida como tal aqui, também vem de uma das três palavras hebraicas para "atalaia". Adão havia sido designado para proteger o jardim, vigiando contra os ataques de Satanás. Ele não estava alerta como deveria, e por isso Satanás "levou vantagem" sobre ele e Eva.

Esse primeiro uso do termo "atalaia" nos dá uma imagem clara do papel dos atalaias: manter a serpente fora dos nossos jardins (nossos lares, nossas famílias, nossas igrejas e nossas cidades).

Em seu livro *First Things First* (As Primeiras Coisas em Primeiro Lugar), A. Roger Merril nos fala de um consultor comercial que decidiu contratar um projeto de paisagismo para seu jardim. Ele contratou uma mulher extremamente capaz que tinha doutorado em horticultura. Pelo fato de o consultor comercial ser muito ocupado e viajar muito, ele enfatizou a necessidade de que a profissional criasse seu jardim de uma maneira que necessitasse de pouca ou nenhuma manutenção da parte dele. Insistiu em ter borrifadores automáticos e outros dispositivos que poupassem trabalho. Finalmente, ela parou e disse ao consultor: "Há uma coisa com a qual você precisa tratar antes de prosseguirmos. Se não houver jardineiro, não há jardim!".[8]

A seguinte história ilustra como uma intercessora vigilante orou e manteve seu "jardim" seguro durante um dos eventos mais infames da história:

Um domingo, em abril de 1912, o Titanic atingiu um iceberg. O Coronel Gracy, um passageiro do navio, depois de ajudar a lançar os poucos barcos salva-vidas disponíveis, havia se resignado a morrer. Entretanto, enquanto ele deslizava entre as ondas, sua esposa em casa foi despertada de repente com uma grande preocupação por seu marido. Ela orou por diversas horas, até que sentiu paz. Enquanto isso, Gracy voltou à tona, próximo a um barco virado e por fim foi resgatado. Ele e sua mulher mais tarde descobriram que exatamente durante as horas em que ela enfrentava dores de parto em oração, ele se agarrava desesperadamente àquele barco virado.[9]

Observe que a senhora Gracy estava alerta — ela estava vigiando. O aviso veio simplesmente como uma "preocupação", que muitas pessoas teriam ignorado ou tentado desviar a atenção para outra questão. Em segundo lugar, como Ele prometeu que faria se ficássemos alertas, Deus foi fiel e avisou. Em terceiro lugar, ela orou até sentir paz. Significa que ela não fez apenas um pedido rápido, mas continuou a orar até a preocupação desaparecer e ser substituída pela paz de Deus.

Estudar outras formas pelas quais as palavras hebraicas para "atalaia" são traduzidas e usadas trará uma maior percepção ao princípio da intercessão do atalaia.

"Guardar" ou "aquele que guarda" é em grande medida o uso mais frequente da palavra. As traduções relacionadas são "preservar" e "manter". Quando Deus perguntou a Caim onde estava seu irmão Abel, sabendo muito bem que ele o havia assassinado, a resposta de Caim foi "sou eu o *guardador* do meu irmão?" (Gênesis 4:9). A resposta correta é sim, embora Caim estivesse dando a entender o contrário.

Jesus foi o *guardador* de Pedro em Lucas 22:31-32: "Simão, Simão, Satanás pediu vocês para peneirá-los como trigo. Mas eu orei por você, para que a sua fé não desfaleça. E quando você se converter, fortaleça os seus irmãos". Embora Pedro tenha negado Cristo, o chamado dele foi *preservado ou mantido* pela intercessão de Cristo por ele. É razoável supor, com base nas palavras de Cristo, que se Ele não tivesse sido um atalaia por Pedro, o discípulo não teria sido salvo.

Podemos ser *guardadores* hoje. Podemos *preservar* vidas, destinos, saúde, ministérios, e muito mais através da nossa intercessão. Quando os avisos são ouvidos e agimos com base neles, a intrometida serpente é mantida fora dos nossos jardins. A segurança é mantida.

Nós fazemos isso por nós mesmos, assim como fazemos pelos demais. Elmer Towns recorda uma experiência em que Deus o protegeu do mal:

> Durante a formatura de um seminário na Califórnia, em vez de pronunciar uma bênção para encerrar a reunião, Towns pediu às pessoas para se ajoelharem junto às suas cadeiras enquanto ele orava. Ele se ajoelhou na última cadeira da primeira fila, próximo a uma janela. Depois de consagrar as pessoas à obra de Deus, ele fez a oração do Pai Nosso, parafraseando-a para aplicá-la aos que estavam presentes naquele dia. Ele concluiu sua oração assim: "Livra-nos do maligno que está disposto a nos ferir de tantas formas que nem sequer podemos imaginar". Quando se levantou e andou de volta para o púlpito, a janela próxima a ele despencou da moldura e de repente caiu sobre a cadeira de onde ele acabara de sair. Havia vidro quebrado por toda parte, e a pesada moldura havia se espatifado bem em cima do local onde Towns estava ajoelhado. É impossível saber o que poderia ter acontecido se ele não tivesse se movido naquele momento.[10]

Embora Towns não tenha sido alertado antecipadamente acerca da possibilidade de aquele acidente acontecer, passou a fazer diariamente a oração desta frase do Pai Nosso: "Livra-nos do mal". Esse é um aspecto importante da oração pró-ativa do atalaia. Não devemos supor que precisamos orar somente quando somos advertidos. Jesus nos disse para orarmos diariamente por libertação do maligno. Acredito que a oração consistente de Towns por si mesmo permitiu que Deus o protegesse desse bizarro acidente.

Outro uso das palavras para "atalaia" é "prestar atenção" ou "ouvir". Esse aspecto deveria ser bastante óbvio. Se quisermos ouvir ou discernir as advertências do Espírito Santo, precisamos dar ouvido a elas. Alguns podem ensinar que Deus não fala mais conosco, mas em nenhum lugar as Escrituras confirmam isso. Se fosse esse o caso, versículos como os mencionados anteriormente neste capítulo — 1 Pedro 5:8, Efésios 6:18 e 2 Coríntios 2:11 — não fariam sentido.

Certamente a "voz" do Senhor chega até nós de diferentes formas — pode ser por meio de passagens bíblicas que se tornam vivas para nós; premonições; pensamentos originados em Deus; pessoas que compartilham versículos conosco ou pensamentos que temos e foram inspirados por Deus; e a voz mansa e suave do Senhor — mas essa voz sempre chega. Se estivermos ouvindo, é claro.

Em *A Voz de Deus*, Cindy Jacobs compartilha uma história que Shirley Dobson contou sobre quando orava por sua filha, Danae:

> Eu estava em casa. Era um fim de semana chuvoso e eu aguardava ansiosamente para trabalhar em diversos projetos que havia colocado de lado esperando exatamente por um tempo como aquele. Jim e Ryan [filho deles] estavam no Norte da Califórnia em uma caçada, e Danae tinha planos de sair à

noite com uma de suas amigas. Ela havia pedido permissão anteriormente para usar o carro da família ao sair.

Secretamente feliz por ter algum tempo reservado para mim, coloquei uma música para tocar e estava ocupada trabalhando quando, de repente, um peso desceu sobre mim. Sentimentos inexplicáveis de ansiedade e medo por Danae me acometeram. Pensei: *Isto é tolice. Ela saiu com a amiga, está se divertindo. Estou certa de que está bem.* Em vez de diminuir, a apreensão ficou mais intensa. Finalmente, entrei no quarto, fechei a porta e me ajoelhei.

Orei: "Senhor, não sei por que estou sentindo tanto medo por Danae, mas se ela estiver correndo algum perigo, peço-te para enviar anjos guardiões para cuidar dela, protegê-la e trazê-la para casa em segurança". Continuei orando por algum tempo e depois me levantei e voltei ao trabalho. O peso diminui um pouco, mas eu ainda sentia um desconforto.

Quarenta e cinco minutos depois, ouvi uma batida na porta. Ao abri-la, vi um policial de pé na entrada da minha casa. Ele me perguntou se eu tinha um carro vermelho, e respondi afirmativamente. "Encontrei-o de cabeça para baixo em uma estrada da montanha. Quem o estava dirigindo? Era seu marido?", ele perguntou. Danae estava dirigindo o carro vermelho. Agora eu entendia por que o Senhor havia me impulsionado a orar. Mais tarde eu entenderia o quanto aquele momento de intercessão por ela havia sido poderoso.

Enquanto o policial estava ali, a setor de emergência do hospital ligou. Eles não queriam me dizer os detalhes. Encontrei Danae muito abalada, com a mão esquerda ferida gravemente, inchada e sangrando. Ela havia usado o braço e a mão esquerda em volta de si mesma enquanto o carro capotava, ele na verdade havia capotado sobre a sua mão. Ficamos sabendo que ela poderia ter perdido a mão se sua palma estivesse virada para baixo. Felizmente, um cirurgião especializado em mãos estava no hospital naquela noite, e pôde operá-la imediatamente. Outra resposta de oração.

Mais tarde, saberíamos de toda a história. Embora ela estivesse dirigindo muito devagar, a chuva havia levado cascalhos para a estrada escorregadia pelo óleo, fazendo com que ela derrapasse ao fazer a curva. Minha filha ficou muito assustada e perdeu o controle, como acontece com a maioria dos motoristas jovens. O carro aterrissou de cabeça para baixo no meio da estrada. Se ela tivesse avançado por mais dez metros, ele teria saído da estrada e caído em uma barragem de cento e cinquenta metros de altura. Não havia parapeito. Com muita gratidão no coração, pensei na minha oração diante daquele acidente e vi legiões de anjos alinhados contra a estrada, impedindo que o carro deslizasse para fora da beirada. Outra resposta de oração! Danae se recuperou rapidamente e depois de algum tempo recuperou o uso total de sua mão esquerda. Louvamos muito ao Senhor.[11]

Eu estava ministrando em Toronto há vários meses. Na última manhã na cidade, enquanto fazia as malas e pensava sobre minha última palestra, eu também estava sendo visitado pelo Espírito Santo. Não foi em um momento de intercessão, e nem durante o meu tempo a sós com Deus. Eu estava simplesmente em comunhão com Ele enquanto trabalhava, compartilhando alguns dos meus pensamentos íntimos com Ele, do mesmo modo que faria com minha esposa se ela estivesse ali.

De repente, o Espírito Santo falou comigo. Foi tão natural e direto como se dois amigos estivessem abrindo o coração um para o outro. "O Japão está muito forte no meu coração esta manhã", disse Ele. Isso me surpreendeu porque eu nunca havia pensado que um país pudesse em dado momento ter um lugar de mais destaque no coração de Deus. Sempre imaginei que Ele tinha *todos os lugares* no Seu coração o tempo todo. E a expressão "no Meu coração" também me surpreendeu. Foi mais do que na Sua mente; era algo mais profundo — algo muito importante para Ele. Senti como se Deus estivesse me dando acesso ao Seu próprio coração.

Então Ele me disse: "Preciso ter o Japão. Ele é uma porta para a Ásia e preciso tê-lo. Há uma tremenda guerra espiritual sobre a nação neste instante. Você poderia orar pelo Japão esta manhã no culto?".

O que você acha disso? Não foi uma ordem: "Ore pelo Japão", mas uma pergunta: "Você poderia?"... Ele estava me *pedindo!*

"É claro que sim, Espírito Santo", disse eu. "Ficaremos honrados em fazer isso". E fizemos! Uma tremenda unção e um peso vieram sobre a congregação... Lágrimas... Dores de parto... Intercessão intensa. Esse momento durou cerca de quarenta e cinco minutos, até a hora em que eu precisava ir para o aeroporto. Mas eles continuaram, por quanto tempo, eu não sei.

Naquele culto, Deus nos deu um tremendo discernimento sobre como orar pelo Japão. Ele nos transmitiu profeticamente algumas promessas das quais deveríamos tomar posse e declarar sobre a nação. Foi glorioso. Eu soube, por alguns japoneses presentes no culto, que outros crentes no Japão ouviram falar sobre o ocorrido e se sentiram muito encorajados. O Japão será salvo! (Não estou dando a entender que isso acontecerá somente por causa das nossas orações em Toronto.

Muitos outros, sem dúvida, também oraram com eficiência pelo Japão. Mas devido à forte testificação em meu coração naquele dia, tenho uma grande fé com relação a esse país).

Essa vigilância e a subsequente intercessão nasceram da comunhão com o Espírito Santo. Quando passamos tempo em comunhão com Ele, o que envolve tanto ouvir quanto falar, ficamos mais sensíveis aos Seus apelos.

As três palavras do Antigo Testamento para "atalaia" também são traduzidas por "protetor", "guarda" ou "salva-vidas". Uma das histórias mais fantásticas que ilustram esse aspecto da intercessão do atalaia é compartilhada pela minha querida amiga Beth Alves:

Um exemplo em minha própria vida envolve um primo muito querido que não via há cerca de dez anos. Eu havia saído da cama no meio da noite para pegar um copo de água quando uma imagem de meu primo surgiu em minha mente. De repente, caí de joelhos e comecei a clamar: "Deus, não deixe o Mike se mover! Mantenha-o parado, Senhor! Oh, Deus, por favor, não permita que ele se mova! Segure-o, Senhor! Segure-o!".

Embora eu estivesse suplicando em favor de Mike com minhas palavras, lembro-me de ter pensado: *Isto é realmente ridículo. Por que estou orando assim?* Então as palavras cessaram, e quando isso aconteceu, não consegui pronunciar mais nenhuma palavra. Então me levantei, bebi um copo d'água, e comecei a me dirigir de novo para o quarto. Novamente caí ao chão e comecei a clamar com uma sensação grave de urgência: "Não deixe que ele se mova, Deus! Não deixe que Mike se mova! Fique parado! Fique parado!". As palavras cessaram abruptamente. Desta vez pensei: *Ah, não! Isto deve ser um pesadelo!*

Eu não tinha nenhum sentimento dentro de mim além da necessidade de orar. Levantei-me e comecei a caminhar lenta e cuidadosamente, imaginando o que queria dizer tudo aquilo. Mais uma vez, dei alguns passos em direção ao quarto, e novamente caí ao chão. Só que desta vez eu estava gritando: "Levante-o, Senhor! Faça com que ele corra! Corra, Mike! Senhor, ajude-o a correr... corra... corra! Faça-o correr, Deus! Corra, corra, corra!". Depois de vários minutos, uma calma veio sobre mim e voltei a dormir durante toda aquela noite.

No dia seguinte, telefonei para minha tia para ver se ela poderia me ajudar a juntar as peças do quebra-cabeça e entender meus clamores misteriosos na noite anterior. Ela me informou que Mike estava no Vietnã. Ainda assim a experiência fazia pouco sentido.

Finalmente, um mês depois, minha tia ligou para ler uma carta que havia recebido. Ela contava como Mike, que era piloto, havia sido atingido e acabou caindo em cima de uma árvore. Ele havia sido avisado de que deveria sair daquela área o mais rápido possível, mas explicou que apenas alguns passos depois do local do acidente ele caiu em uma moita. "Mamãe", ele escreveu, foi como se eu tivesse sido pregado naquele lugar. Sentia-me como se alguém estivesse sentado sobre mim. Os *Vietcongs* vieram e, sem saber, estavam pisando na perna da minha calça enquanto olhavam para cima, para o meu para-quedas preso na árvore. Eles se viraram e começaram a furar as moitas com as pontas de suas baionetas. Parecia seguro, então comecei a me levantar e estava prestes a correr quando caí novamente dentro da moita como se alguém estivesse me empurrando. Fiquei ali por alguns minutos até que, de repente, senti um impulso de me levantar e correr. Ouvi um helicóptero, então corri a toda velocidade pela floresta, seguindo a direção do barulho, até um espaço aberto onde fui resgatado. A tripulação do helicóptero disse que eles haviam atendido a um chamado do meu BIP. E, no entanto, ele não funcionava desde o momento em que eu havia sido atingido. Isso, querido irmão, é intercessão![12]

Outro significado apropriado para o termo atalaia no Antigo Testamento era "guardião da porta" ou "porteiro". Os atalaias determinam por meio da oração o que entra em suas vidas, em suas casas, igrejas, cidades e nações. Eles se recusam a permitir a entrada da serpente ou de qualquer dos seus emissários.

Um exemplo de como guardar os portões de uma nação ocorreu quando levei minha filha Sarah para uma jornada de oração em Washington D.C. em agosto de 1999, no seu aniversário de treze anos. Ela e minha outra filha, Hannah, estão se tornando verdadeiras intercessoras. Enquanto orava comigo no Washington Mall, Sarah disse: "Papai, acho que devemos voltar e orar aqui com mais outros adolescentes e seus pais. Sinto que devemos fazer isso antes do *The Call* para ajudar a preparar o caminho para este evento por meio da intercessão".

(O The Call D.C. foi uma reunião de quatrocentos mil jovens e adultos — a maioria jovens — no shopping Washington Mall, localizado na capital da nação em 2 de setembro de 2000. O propósito do evento era ser um dia de oração e jejum para nos arrependermos e orarmos pelo avivamento nos Estados Unidos. Muitos dos que participaram fizeram parte dos quarenta dias de jejum que antecederam o evento. Foi uma ocasião tremenda, realmente um marco na história).

Sarah repetiu essa mesma fala duas ou três vezes mais nos meses que se seguiram. Ela foi enfática: "Precisamos fazer isso, papai".

"Tudo bem", disse eu. "Vamos fazer".

Marcamos a viagem para fins de junho de 2000, e várias outras famílias da nossa congregação planejaram se juntar a nós. Alguns meses antes do momento chegar, recebi uma ligação de alguns amigos da cidade de Spokane, em Washington, dizendo que estavam levando uma equipe de intercessores para lá com o mesmo propósito — *na mesma hora!* Queriam saber se eu estaria disposto a me unir a eles e falar durante um culto no shopping.

"É claro, eu já estava planejando estar lá!", respondi.

Quando a jornada realmente aconteceu, tivemos momentos incríveis de oração na capital do país, mas o ponto forte foi um culto no shopping no domingo pela manhã. O Dalai Lama da religião budista estava programado para dirigir um evento do outro lado do shopping na mesma hora que nós. O evento dele tinha a finalidade de invocar setecentos espíritos demoníacos para a nossa nação para propagar a religião budista.

No plano soberano de Deus, fomos colocados entre ele e o prédio do Capitólio. Soubemos imediatamente, quando tomamos conhecimento do fato, que Deus havia nos colocado ali como guardiões dos portais para proteger nosso país contra aqueles espíritos malignos.

Mais tarde fomos informados de que o Dalai Lama precisou pedir desculpas a todos. Embora tivesse tentado, ele simplesmente não havia conseguido invocar os espíritos. Sabemos o porquê. O portão estava fechado!

Um grupo de intercessores do estado de Washington e uma menina de treze anos do Colorado haviam ouvido o chamado para irem a Washington D.C. e orar. Embora não tivéssemos recebido um aviso específico sobre o que iria acontecer naquele dia, sentimos o apelo do Espírito Santo para irmos. O resto é história.

Precisamos aprender a ouvir o Espírito Santo. Ele nos guiará na nossa intercessão e nos alertará quanto aos planos do inimigo. Precisamos impedir que a serpente entre nos nossos jardins pois, como diz Lucas 10:19, podemos pisar "sobre cobras e escorpiões, e sobre todo o poder do inimigo".

Vamos cuidar dos nossos jardins!

Vamos fazer esta oração juntos:

Pai, aceito a Tua missão para a minha vida de manter a serpente fora do meu jardim. Os planos dela não terão êxito contra o meu lar e a minha família. Agora me coloco como um guardião da porta por meus filhos [ou por qualquer que seja o seu jardim], e declaro que eles não farão nenhuma concessão ao pecado. Nenhuma tentativa de fazer mal a eles terá êxito. Reivindico a Tua promessa de que eles serão ensinados por Ti e de que grande será a sua paz. Peço-te que os estabeleças em justiça e que os mantenha longe da opressão e do medo (ver Isaías 54:13,14). Espírito Santo, quando eu procurar Te ouvir, ajuda-me a ser sensível à Tua voz. Alerta-me contra os esquemas e planos de Satanás. Não permita que a serpente tenha qualquer vantagem sobre a minha família. Obrigado, Pai, por essas coisas.

Eu as peço em nome de Jesus,

Amém.

Você Entendeu?

●

1. Qual a importância de estarmos cientes dos planos do inimigo? Por quê?

2. Relacione algumas das formas pelas quais podemos atuar como intercessores atalaias.

3. Como podemos nos tornar mais sensíveis aos apelos do Espírito Santo?

4. Deus lhe deu algum jardim para cuidar?

Capítulo Onze

Proclamando na Intercessão

*E*ra o ano de 1980 e eu acabara de sair do seminário. Eu era espiritualmente radical o bastante para orar por qualquer coisa que se mexesse ou crescesse. Era por isso que eu estava de pé no meio de um campo, lendo a Bíblia para a plantação.

Agora acho que consegui chamar sua atenção... Estou brincando! Na verdade, não acho que eu seja maluco. Eu estava apenas aproveitando a dica de Jesus, que certa ocasião falou a uma árvore. Ele proferiu uma sentença de morte, e no dia seguinte ela estava morta (ver Marcos 11:13,14,20).

Ele também falou com uma tempestade, ordenando-a que parasse (ver Marcos 4:39) e até se dirigiu a um cadáver, dando-lhe vida (ver João 11:43). Um dos Seus discípulos também fez isso (ver Atos 9:36-41).

Não estou tentando iniciar um culto de comunhão com a natureza, e certamente não acredito em comunicação com os mortos. Nem Jesus acreditava. Ele sabia que a natureza e as pessoas mortas não o estavam ouvindo, mas que as Suas palavras estavam liberando o poder do Espírito Santo para impactar essas esferas.

Acredito que as nossas palavras, quando são as palavras de Deus e o Espírito Santo nos dirige a proferi-las, também liberam poder divino. É por isso que eu estava lendo a Bíblia sobre uma plantação. Na verdade, eu a estava lendo sobre o campo e sobre algumas moscas que o estavam invadindo. Li as bênçãos de Deuteronômio 28 com relação à plantação: "Bendito... o fruto da tua terra... O Senhor ordenará a benção... em tudo o que puseres a tua mão, e te abençoará na terra que te der o Senhor teu Deus... O Senhor te dará abundância de bens... no fruto do teu solo" (v. 4, 8, 11). Li o Salmo 91:3 com relação às moscas: "Porque Ele te livrará do laço do passarinheiro, e da peste perniciosa". As moscas morreram e aquela plantação viveu.

A situação era a seguinte: Um fazendeiro da Guatemala estava acumulando problemas financeiros em função de perdas anteriores e estava correndo o risco de perder milhares de acres de milho para aquelas moscas. Ele estava a ponto de gastar cerca de vinte e cinco mil dólares para que a plantação fosse pulverizada com inseticidas, e nem tinha certeza se isso faria cessar a praga. Falamos com aquele recém-convertido sobre o princípio bíblico do dízimo e a promessa de que Deus "repreenderia o devorador" (ver Malaquias 3:10,11) para aqueles que lhe obedecessem em relação a esse aspecto.

Então nós lemos para ele os versículos mencionados acima e perguntamos se gostaria que nos juntássemos a ele para ler e declarar essas palavras de Deus sobre sua plantação. Ele fez isso, nós fizemos, e Deus também fez. A plantação viveu, mas as moscas e suas larvas morreram. A pulverização com inseticidas nem foi necessária. A colheita não apenas foi salva, como também foram economizados os vinte e cinco mil dólares que seriam gastos.

Certamente esse é um exemplo radical de como proclamar a Palavra, e alguns de vocês podem achar estranho, mas
cheguei à conclusão de que não é justo permitir que o abuso de alguns roube de outros verdades importantes e válidas.
Quando os princípios bíblicos são seguidos, a Palavra falada é
uma arma de intercessão muito poderosa.

Essa informação pode ser ensinada com precisão e equi-
líbrio, e não há necessidade de nos sentirmos "estranhos" ao
aplicá-la. Ser biblicamente equilibrado não significa deixar de
fazer qualquer coisa que contradiga a compreensão ou a razão
humana. Significa permanecer dentro dos parâmetros bíblicos
e da direção do Espírito Santo. Muito do chamado "equilí-
brio" no Cristianismo é simplesmente o desejo de permanecer totalmente na esfera da nossa compreensão humana. Ao
fazer isso eliminamos muito do que é nos exigido pela fé, e
isso certamente inclui usar o ato de declarar a Palavra de Deus
como uma arma.

Jesus não apenas falou palavras inspiradas pelo Espírito
Santo a uma tempestade e a uma árvore, como mencionado,
mas quando tentado por Satanás, declarar a Palavra de Deus
foi Sua principal arma contra o ataque (ver Mateus 4:1-11).
Efésios 6:17 chama isso de "a espada do Espírito, que é a Palavra de Deus". O termo grego traduzido como "palavra" nesse
versículo significa "palavras faladas", em oposição às palavras
escritas ou aos pensamentos não falados.[1] O versículo utilizado nessa importante passagem do Novo Testamento sobre
guerra espiritual diz que a Palavra de Deus nos nossos lábios é
uma arma poderosa contra Satanás, como Cristo demonstrou.

Por quê? Porque Deus honra a Sua Palavra acima do Seu
próprio Nome (ver Salmo 138:2). O nome de uma pessoa
não significa nada se não pudermos confiar na sua palavra.

Quando consideramos a Palavra de Deus como infalível e totalmente poderosa, estamos dando a Ele a maior honra que podemos dar. Estamos declarando o fato de sabermos que Ele não pode mentir (ver Hebreus 6:18), que a Sua Palavra é eterna (ver Isaías 40:8) e que podemos confiar Nele implicitamente.

Um centurião romano foi até Cristo certa ocasião, pedindo a Ele que curasse o seu servo. Cristo estava disposto a isso, e ofereceu-se para ir com o homem ministrar ao seu servo. Porém, o centurião deu uma resposta surpreendente:

> Senhor, não mereço receber-te debaixo do meu teto. Mas dize apenas uma palavra, e o meu servo será curado. Pois eu também sou homem sujeito à autoridade e com soldados sob o meu comando. Digo a um: Vá, e ele vai; e a outro: Venha, e ele vem. Digo a meu servo: Faça isto, e ele faz.
>
> — Mateus 8:8,9

Aquele homem entendia a autoridade que há nas declarações inspiradas por Deus. Jesus declarou a palavra, e o servo foi curado.

Lembro-me de uma situação que enfrentei há vários anos na qual obviamente havia o envolvimento de espíritos malignos. A fim de proteger a privacidade das pessoas envolvidas, não posso ser específico quanto aos detalhes, mas, falando por alto, levantou-se grande ira, contenda e divisão em certa família. Havia uma possibilidade real de aquela família ser destruída por anos, e até mesmo para sempre.

Orei tarde da noite por essa situação muito delicada, pedindo a Deus para intervir. Depois de duas horas de oração, ouvi o Espírito Santo dizer claramente: "Declare a Palavra".

A instrução veio com muita força, e eu sabia que Ele estava falando comigo. Comecei a declarar com determinação as Escrituras que o Espírito Santo trouxe à minha memória, também dando ordens com base nelas, conforme eu sentia ser apropriado. Foram estas mais ou menos as minhas palavras:

- "Eu lhes dei autoridade para pisarem sobre cobras e escorpiões, e sobre todo o poder do inimigo; nada lhes fará dano" (Lucas 10:19). "Filhinhos, vocês são de Deus e os venceram, porque aquele que está em vocês é maior do que aquele que está no mundo" (1 João 4:4). *Declaro que Deus me deu autoridade sobre os espíritos envolvidos nesta situação. O Espírito Santo em mim é maior do que qualquer poder que eles possam reunir.*

- "Pois, embora vivamos como homens não lutamos segundo os padrões humanos. As armas com as quais lutamos não são humanas ao contrário, são poderosas em Deus para destruir fortalezas. Destruímos argumentos e toda pretensão que se levanta contra o conhecimento de Deus, e levamos cativo todo pensamento, para torná-lo obediente a Cristo" (2 Coríntios 10:3-5). *Declaro que as minhas armas são totalmente capazes de desarmar esta situação. Em o nome de Jesus, derrubo as fortalezas dos poderes das trevas na situação desta família.*

- "Portanto, submetam-se a Deus. Resistam ao Diabo, e ele fugirá de vocês" (Tiago 4:7). *Estou totalmente sujeito a Deus e sei que quando declaro a Palavra de Deus, as forças do mal têm de fugir. Ordeno a vocês, poderes demoníacos, que deixem esta situação em nome de Jesus. Libero essas pessoas da sua influência.*

- "Façam todo o possível para viver em paz com todos" (Romanos 12:18). "'Honra teu pai e tua mãe' -
este é o primeiro mandamento com promessa – 'para
que tudo te corra bem e tenhas longa vida sobre a
terra'. Pais, não irritem seus filhos; antes criem-nos
segundo a instrução e o conselho do Senhor" (Efésios 6:2-4). *Declaro que é a vontade de Deus que esta
família viva em paz. Declaro estes versículos como a espada
do Espírito Santo nesta situação para gerar paz.*

É provável que eu tenha utilizado outros versículos — essa
situação aconteceu há muitos anos — mas tenho certeza de
que você conseguiu entender o que eu estava fazendo. Depois
de cerca de quinze minutos orando assim, senti uma grande
paz em meu coração e fui dormir. Na manhã seguinte, *cada*
pessoa envolvida havia experimentado uma mudança em seu
coração, e uma grande paz prevaleceu. O poder da Palavra
de Deus havia vencido os espíritos malignos e influenciado
positivamente a mente e o coração das pessoas.

Por favor, observe que eu não estava tendo uma conversa
com aqueles espíritos, nem estava tentando exercitar uma maneira extrassensorial de conversar com as pessoas envolvidas.
Eu simplesmente usei a Palavra de Deus como uma arma na
situação, e isso liberou o poder do Espírito Santo para preva-
lecer e fazer o que Ele sabia ser necessário.

Conheço alguns pais que declararam a Palavra de Deus
com diligência sobre seus filhos não salvos em oração (sem
que eles ouçam), utilizando versículos como estes:

- Deus, dá-lhes arrependimento levando-os ao conhecimento da verdade... que eles caiam em si e fujam

da armadilha do diabo, que os fez cativos para fazer a sua vontade (2 Timóteo 2:25,26).

- Todos os seus filhos serão ensinados pelo Senhor, e grande será a paz de suas crianças (Isaías 54:13).

- Por essa razão, desde o dia em que o ouvimos, não deixamos de orar por vocês e de pedir que sejam cheios do pleno conhecimento da vontade de Deus, com toda a sabedoria e entendimento espiritual. E isso para que vocês vivam de maneira digna do Senhor e em tudo possam agradá-lo, frutificando em toda boa obra, crescendo no conhecimento de Deus... (Colossenses 1:9,10).

Depois que esses pais declararam com ousadia e diligência o que as Escrituras afirmam, com o tempo o engano e as cadeias que prendiam seus filhos foram quebrados, e eles foram salvos. Conheci outros que fizeram o mesmo com casamentos, finanças e outras questões. Eles simplesmente encontraram passagens bíblicas que se referiam às suas circunstâncias e as declararam sobre elas.

Há muitos anos, uma mulher a quem chamaremos Stacy (este não é o seu verdadeiro nome) viveu uma semana desafiadora. O negócio da família havia falido recentemente, e seu marido estava na estrada trabalhando como vendedor, tentando produzir alguma renda. Em casa com seus cinco filhos, ela percebeu que não tinha nenhum dinheiro e que só havia alguns mantimentos na casa. À medida que esses suprimentos foram se esgotando a cada refeição servida a seus filhos, ela se lembrou da fidelidade de Deus. Ela relembrou a história de Elias e da viúva de Sarepta em 1 Reis 17:10-16, e de como

Deus havia milagrosamente multiplicado um punhado de farinha e um pouco de óleo para suprir alimento para muitos dias. Ela também pensou nos sete cestos de sobras que restaram depois que os apóstolos alimentaram quatro mil pessoas com os sete pães e os poucos peixes que Jesus havia abençoado (ver Marcos 8:1-8).

Stacy orou para que Deus abençoasse suas provisões, multiplicando-as para que durassem tanto quanto fosse necessário. Surpreendentemente, uma refeição após outra, dia após dia, ainda havia alimento suficiente para satisfazer o apetite de seus ativos filhos. Então, no fim da semana, a última refeição do dia finalmente acabou com sua reserva de alimento. Como era comum, Stacy e seus filhos oraram juntos na hora de dormir. Ela não deixou que eles soubessem que a comida havia terminado ou que eles não tinham dinheiro, mas lembrou a eles as palavras de Filipenses 4:19: "O meu Deus suprirá todas as necessidades de vocês, de acordo com as suas gloriosas riquezas em Cristo Jesus". Juntos, ela e os filhos pediram a Deus que suprisse o que eles precisavam, e agradeceram a Ele por fazer isso.

Depois de colocá-los na cama, ela desceu as escadas e sentou-se em sua "cadeira de oração". Abrindo sua Bíblia no Salmo 37:25, ela orou: "Senhor, a Tua Palavra diz 'nunca vi desamparado o justo, nem a sua semente a mendigar o pão'. Pai, eu Te agradeço pela justiça que temos por meio de Cristo Jesus. Creio na Tua promessa de não nos abandonares. Tu te importas com os meus filhos ainda mais do que eu. Confio em Ti; eles não terão de mendigar o pão, e Tu suprirás tudo que necessitamos".

Assustada naquele instante com o toque do telefone, Stacy foi atendê-lo. Era uma ligação de longa distância de um intercessor fiel de sua família. "Está tudo bem?" perguntou ele. "Estou sentindo que você precisa de ajuda neste instante. Acabo de lhe enviar cento e cinquenta dólares, e eles devem chegar pela manhã". Este é um exemplo poderoso de como Deus honra a Sua Palavra quando ela é usada na intercessão.

Fico impressionado com a quantidade de reuniões de oração das quais participo e nas quais tão pouco da Palavra de Deus é colocado em prática. A maior arma que Deus nos deu geralmente não sai da bainha! Se Cristo, o nosso maior exemplo, usou a Palavra falada como Sua arma número um quando confrontado pelo próprio Satanás, não deveríamos nós usá-la regularmente?

Recentemente, fiquei impressionado com o professor de uma de minhas filhas, que enviou para nós, pais, uma lista de dezoito versículos para orarmos sobre nossos filhos. Ele obviamente entende o poder da Palavra de Deus. Eis alguns desses versículos:

- Odeiem o mal, vocês que amam o Senhor, pois ele protege a vida dos seus fiéis e os livra das mãos dos ímpios (Salmo 97:10).

- Meu filho, se os maus tentarem seduzi-lo, não ceda! ...Meu filho, não vá pela vereda dessa gente! Afaste os pés do caminho que eles seguem (Provérbios 1:10,15).

- Portanto, irmãos, rogo-lhes... que se ofereçam em sacrifício vivo, santo e agradável a Deus... Não se amoldem ao padrão deste mundo, mas transformem-se pela renovação da sua mente, para que sejam capazes de experimentar e comprovar a boa, agradável e perfeita vontade de Deus (Romanos 12:1,2).

- Portanto, submetam-se a Deus. Resistam ao Diabo, e ele fugirá de vocês (Tiago 4:7).

Acredito que este seja o nível mais elevado e mais eficaz de oração — orar e declarar a Palavra de Deus.

A palavra hebraica *asah*, traduzida como "criar" na história da criação do mundo por Deus em Gênesis, também é usada nos seguintes versículos, que são ditos no contexto de declarar a Palavra de Deus:

- Deus não é homem para que minta, nem filho de homem para que se arrependa. Acaso ele fala, e deixa de agir [*asah*]? Acaso promete, e deixa de cumprir? (Números 23:19).

- Assim também ocorre com a palavra que sai da minha boca: ela não voltará para mim vazia, mas fará [*asah*] o que desejo e atingirá o propósito para o qual a enviei (Isaías 55:11).

- O Senhor me disse: "Você viu bem, pois estou vigiando para que a minha palavra se cumpra [*asah*]" (Jeremias 1:12).

A Palavra de Deus *faz*. A Palavra de Deus *realiza*. A Palavra de Deus *cumpre*. Em cada referência bíblica citada, os humanos declararam o fazer, realizar e cumprir que a Palavra criativa de Deus operaria! Obviamente não estamos falando sobre criar matéria física, mas sim sobre criar os resultados desejados nas situações humanas.

Isso nos leva a uma compreensão muito importante a respeito do assunto: "intercessão declarada". As nossas declarações devem se basear nas Suas palavras, devem concordar com as Escrituras e ser inspiradas pelo Espírito Santo. A palavra no Novo Testamento para "confissão" significa literalmente "dizer a mesma coisa que".[2] Não devemos andar por aí pensando que temos o poder para ordenar que a nossa vontade seja feita em toda e qualquer coisa. 1 João 5:14-15 nos diz:

> Esta é a confiança que temos ao nos aproximarmos de Deus: se pedirmos alguma coisa de acordo com a vontade de Deus, ele nos ouvirá. E se sabemos que ele nos ouve em tudo o que pedimos, sabemos que temos o que dele pedimos.

Precisamos descobrir o que as Escrituras ensinam sobre as circunstâncias que vivemos e fazer as nossas confissões e declarações bíblicas de acordo com elas. Então estaremos dizendo a mesma coisa que Ele diz, isso dá honra a Ele e dá ao Espírito Santo algo ao qual Ele possa realmente outorgar poder. Essa é a verdadeira declaração bíblica e um aspecto poderoso da intercessão.

Há, de fato, um versículo maravilhoso em Hebreus 3:1 segundo o qual Jesus é o Apóstolo e Sumo Sacerdote da nossa confissão, que é "dizer a mesma coisa" que Ele diz. Quando dizemos as Suas palavras na Terra, Ele pode respaldá-las no céu.

Eu estava ministrando recentemente em uma conferência no Harlem, em Nova Iorque, quando Deus começou a falar comigo que Ele queria tirar a desonra daquela região e transformá-la. Conhecido por sua violência e pobreza, o bairro do Harlem tem uma péssima reputação. As gangues dominam, há pichações e lixo por toda parte, e as drogas, a perversão e o álcool parecem imperar. No entanto, ali também há muitas pessoas preciosas e piedosas, e até os que estão presos no ciclo vicioso dos problemas passados são simplesmente vítimas de um padrão de vida que se sucede há gerações, e do qual eles não sabem como se libertar. Jesus os ama de uma maneira especial.

Em compaixão, e sob a unção e a inspiração do Espírito Santo, declarei que Deus iria visitar o Harlem com tamanho avivamento que transformaria a cidade e tiraria a vergonha. Então *declarei* que Deus iria fazer daquele lugar um objeto de louvor na Terra. Essa é uma expressão de Isaías 62:7.

Na manhã seguinte, um pastor local pregou. Em sua mensagem, aquele dinâmico homem de Deus afirmou que todos os domingos, por várias semanas, ele e sua congregação declararam Isaías 62:7: "E não lhe deis a ele descanso até que estabeleça Jerusalém e a ponha por objeto de louvor na terra" (ARA). Eles inseriram o nome *Harlem* dentro de *Jerusalém*.

Eu nunca havia declarado isso sobre uma cidade antes. De algum modo, o Espírito Santo em mim foi capaz de me colocar em concordância com a fé que Ele havia colocado naquela congregação. Ele me usou para confirmar e concordar com as suas declarações poderosas. Isso me abençoou e encorajou, mas o que é mais importante, foi uma confirmação para eles de que as declarações deles realmente foram motivadas pelo Espírito Santo e receberam o Seu poder. O Harlem um dia será objeto de louvor na Terra!

A sua cidade também pode ser objeto de louvor na terra. E também a sua vida, amigo intercessor de Deus!

Abaixo as moscas, viva a colheita!

Vamos fazer esta oração juntos:

Pai, eu Te agradeço pela Tua Palavra que é uma espada afiada e uma arma poderosa contra Satanás. Eu declaro a Tua Palavra sobre meus filhos neste instante. Declaro que eles terão corações rápidos em se arrepender (Salmo 51:1-3), que suas vidas exibirão o fruto do Espírito (ver Gálatas 5:22,23), que eles confiarão em Ti para lhes dar direção (ver Provérbios 3:5,6), e que eles viverão pelo Espírito e não gratificarão a sua carne (ver Gálatas 5:16). [Se você não está orando por crianças, encontre passagens bíblicas adequadas para declarar sobre a situação ou sobre a pessoa por quem você está orando]. Peço-Te estas coisas em nome de Jesus,
Amém.

Você Entendeu?

•

1. O que Jesus usou como Sua principal arma quando Satanás o tentou?

2. O que a palavra hebraica para "criar" (*asah*) tem a ver com declarar a Palavra de Deus?

3. O que significa a palavra bíblica para "confissão"? O que isso tem a ver com o nosso Sumo Sacerdote?

4. Você está animado para pegar a Palavra de Deus – a sua espada – e usá-la como uma arma poderosa e uma força criativa?

O Processo da Dor na Intercessão

*M*oro em Colorado Springs, na base de uma montanha chamada Pico Pikes. Essa majestosa montanha eleva-se a 4.300 metros de altura e é uma das maiores atrações turísticas dos Estados Unidos. Foi no topo dessa montanha incrível que Katherine Lee Bates escreveu a letra do conhecido poema musicado "America, The Beautiful".

Milhares de pessoas dirigem até o pico dessa montanha todos os anos para desfrutar sua vista panorâmica. Outras pessoas — de sabedoria duvidosa, em minha opinião — a escalam. Não é preciso escalá-la com cordas, estacas e coisas do gênero — existe uma trilha íngreme de vários quilômetros de extensão que a circunda abrindo caminho até o topo. Dizem que a subida leva cerca de oito horas — e mais oito semanas para se recuperar da DOR.

Um dia me surpreendi pensando que poderia tentar fazer essa escalada, mas logo me recuperei desse desequilíbrio momentâneo e prometi ao meu corpo (que a essa altura estava tendo espasmos de desespero) nunca mais ter um pensamento tão insano.

Tenho um amigo chamado Rex Tonkins que subiu a montanha com seus dois filhos e várias outras crianças. Não sei o que deu nele para fazer isso, mas depois disso nós programamos várias semanas de tratamento psiquiátrico para ele. Também concordamos em não contar ao conselho tutelar que ele levou seus filhos. Surpreendentemente, eles ainda o amam e querem continuar sob os cuidados do pai.

Rex me disse que eles levaram dez horas e meia e não oito para subir, porque as crianças precisavam parar frequentemente. Ele acabou carregando a bagagem delas — as mochilas, garrafas de água e o almoço — na maior parte do caminho. Bem feito! Elas deviam tê-lo feito carregá-las no colo também!

Elas agora estão se gabando por terem feito a escalada... Acho que é resultado da falta de oxigênio.

Cristo subiu uma montanha certa vez. Ele colocou os nossos "fardos" nas Suas costas — o pecado, a doença, o sofrimento, o desespero, a rejeição — amarrou-os a uma cruz e carregou-os até o topo. A montanha chamava-se Calvário. Ele cambaleou sob o peso dos nossos fardos, mas o amor levou-o até o topo.

Isaías disse que os nossos pecados e outras fraquezas foram "colocados sobre" Ele (ver Isaías 53:6), e Ele os levou embora. As palavras "colocados sobre" são traduzidas a partir da palavra *paga,* a palavra hebraica para "intercessão". Esse ato de substituição foi chamado de intercessão porque um dos significados da palavra intercessão é "tomar o lugar de outro".

Certamente é isso que fazemos por meio da oração intercessória. Agindo em favor de outros, fazemos pedidos por eles. Cristo nos permite tomar parte do Seu ministério sacerdotal de intercessão. Assim como os sacerdotes do Antigo Testamento intercediam por Israel, representando aquela nação diante de Deus por intermédio do seu sistema sacrificial, nós representamos as necessidades de outros diante do Pai por meio do sacrifício de Cristo. O sistema do Antigo Testamento era simplesmente uma imagem do que Deus planejava fazer desde o começo no Novo Testamento, ou, como a palavra quer dizer, da "nova aliança" em Cristo.

> Vocês também estão sendo utilizados como pedras vivas na edificação de uma casa espiritual para serem *sacerdócio* santo, oferecendo *sacrifícios espirituais* aceitáveis a Deus, por meio de Jesus Cristo. Pois assim é dito na Escritura: "Eis que ponho em Sião uma pedra angular, escolhida e preciosa, e aquele que nela confia jamais será envergonhado". Vocês, porém, são geração eleita, *sacerdócio* real, nação santa, povo exclusivo de Deus, para anunciar as grandezas daquele que os chamou das trevas para a sua maravilhosa luz.
>
> — I PEDRO 2:5,6,9 (ÊNFASE DO AUTOR)

Escolhi para este capítulo o título *O Processo da Dor na Intercessão* porque se permitirmos que o Espírito Santo nos ajude a andar neste ministério ao máximo, pode ser espiritualmente e emocionalmente doloroso. Levamos as fraquezas uns dos outros — não no sentido que Cristo levou, mas nós as levamos em oração. Considere os seguintes versículos:

> Nós, que somos fortes, devemos suportar as fraquezas dos fracos, e não agradar a nós mesmos. Cada um de nós deve agradar ao seu próximo para o bem dele, a fim de edificá-lo (Romanos 15:1-2).

> Levem os fardos pesados uns dos outros e, assim, cumpram a lei de Cristo (Gálatas 6:2).

Quando um membro sofre, todos os outros sofrem com ele; quando um membro é honrado, todos os outros se alegram com ele (1 Coríntios 12:26).

Dick Eastman compartilha um incidente notável em sua vida. Ele ilustra bem o quanto Deus pode permitir que nós entremos neste aspecto sacerdotal precioso da intercessão de Cristo.

Há vários anos, Dick estava intercedendo por 153 crianças que foram mantidas reféns de terroristas na Holanda. A mídia dava a cobertura diária da situação, e um dia, quando as exigências dos terroristas se intensificaram, o Senhor levou-o a um nível inteiramente novo de intercessão.

Enquanto orava em sua capela de oração no quintal de sua casa, Eastman de repente pôde se ver dentro do prédio da escola onde as crianças estavam sendo mantidas reféns. Ao olhar para elas por meio de seus olhos espirituais, ele ficou sobressaltado ao reconhecer suas próprias filhas de seis e nove anos entre as crianças mantidas cativas. Ele sabia que suas filhas estavam na verdade dormindo em casa, apenas a poucos metros de distância, mas essa imagem mental fez com que ele entrasse no papel do intercessor identificado com a situação, enquanto o Espírito Santo colocava sobre ele uma intensidade de oração como ele nunca havia experimentado.

Tremendo de indignação, ele ordenou com autoridade que os terroristas libertassem as crianças. Várias emoções vieram à tona, enquanto ele, na posição de pai dessas crianças, gemia com dores de parto em intercessão por elas, exigindo sua libertação. Sentindo a vitória, o tempo de intercessão terminou abruptamente. Ele foi para o escritório alguns minutos depois e não pensou mais no assunto durante aquele dia.

Naquela noite, enquanto a família jantava, ele por acaso viu com o canto dos olhos uma televisão ligada na sala de visitas. Chamou a sua atenção a notícia de que três das crianças holandesas haviam sido liberadas. Em vez de ficar radiante com aquela vitória, Eastman ficou surpreso ao sentir seus olhos se encherem de lágrimas. *Jesus,* ele disse em seu coração, *eu não pedi por três crianças; eu pedi que todas elas fossem libertadas. E aquela foi uma oração que nasceu do Teu Espírito.* Com um novo rompante de ousadia, ele bateu com o punho na mesa e declarou: "E eu reivindico o milagre agora!".

Naquele exato momento em que ele golpeou a mesa, um repórter local interrompeu a transmissão da notícia para esclarecer que a notícia transmitida anteriormente estava incompleta. Ele prosseguiu, informando aos telespectadores que na verdade todas as 153 crianças haviam sido libertadas naquela manhã.

O assombro de Eastman sobre como tudo aconteceu na hora certa dura até hoje. Ele sabia sem dúvida que suas orações haviam feito a diferença, assim como as de outros crentes. Essa experiência incrível sempre será para ele um lembrete vívido de como Deus pode usar o poder da identificação para impactar a vida das pessoas por meio da intercessão.[1]

Isso é *paga!* Ah, a doce dor da intercessão. A nossa união com Cristo, que ainda "se compadece das nossas fraquezas" (Hebreus 4:15), é o que torna essa identificação com os problemas e dificuldades dos outros possível. A passagem bíblica de 1 Coríntios 6:17 nos diz: "Mas aquele que se une ao Senhor é um espírito com ele". 2 Pedro 1:4 afirma que somos "participantes da natureza divina", e essa natureza inclui um coração cheio de compaixão.

Jesus costumava se mover em compaixão (ver Mateus 9:36-38; 14:14; 15:32 e outros) e derramou esse mesmo amor em nossos corações por meio do Espírito Santo" (Romanos 5:5). Devemos ser pessoas amorosas, cheias da compaixão de Cristo, vivendo não apenas para nós mesmos, mas aceitando o privilégio de expandir Seu amor sobre a Terra. Para fazer isso de forma eficiente, precisamos permitir que Ele *realmente* ame por meio de nós, movendo-nos com a Sua compaixão.

Eastman expressa isso lindamente quando define a compaixão em seu livro *Love on Its Knees* (O Amor de Joelhos).

> *Compaixão* deriva de duas palavras em latim: *com* e *pati*. *Com* significa "com" ou "junto" e *pati* significa "sofrer" ou "sentir dor". Essas expressões combinadas descrevem alguém que *"sofre com"* alguém necessitado ou que *"sente dor junto"* com aqueles que sentem dor.
> Compaixão é mais do que simples pena. É o amor na sua fase dinâmica, o amor liberado por meio da ação. É uma vida de envolvimento com as dificuldades dos outros. Cristo nos deu a mais elevada expressão de compaixão ativa quando foi para a cruz remover o sofrimento trazido sobre a humanidade pelo pecado. Jesus não era um intercessor apenas quando orava. Como já vimos, Ele viveu uma vida de intercessão. Jesus é compaixão. Quando Ele orava, era a compaixão orando. Ver Cristo em oração é ver o Amor de joelhos.[2]

Recentemente, participei do The Call conforme mencionei no capitulo 10. Foi uma reunião de quatrocentos mil jovens e adultos (em sua maioria adultos) no Washington Mall na capital dos Estados Unidos, com a finalidade de se arrependerem, jejuarem e orarem por um avivamento no país. Eu, juntamente com muitos outros, creio que o avivamento está a caminho dos Estados Unidos, e que a juventude vai exercer um papel preponderante. Esse é um dos motivos pelos quais muitos líderes acreditam que aquela reunião foi tão crucial. Creio ter sido um dos dias mais importantes na história da nossa nação.

Em certo momento do dia, enquanto eu estava em um momento de extremo arrependimento pelos pecados da minha geração contra a geração mais jovem, comecei a sentir a profunda dor do Espírito Santo com relação a esses pecados. Enquanto eu me arrependia pelo aborto, o abandono, o abuso, a impureza sexual, os vícios e todas as coisas que fizemos a esta geração ou passamos para ela, achei que meu coração fosse se partir (Até mesmo ao escrever isto, começo a sentir a dor outra vez). Eu soluçava, sentindo algo tão profundo dentro de mim, que meu estômago subia e descia. Eu sentia a dor deles, o coração partido do Pai, e a vergonha da minha geração. Era quase insuportável. Eu estava fisicamente e emocionalmente arrasado.

Aquela era a dor da intercessão. O peso que eu sentia estava sendo "colocado sobre mim" pelo Espírito Santo com a finalidade da intercessão. Felizmente, ele foi retirado depois de um curto período, embora eu ainda o carregue em um grau menor.

John G. Lake, um homem usado poderosamente na África nos idos de 1900, exemplifica esse amor e a sua liberação de poder *paga*.

Pediram a Lake que orasse pela esposa acamada de um oficial do governo. Quando ele visitou a mulher, uma cristã, ele lhe deu versículos bíblicos para estudar e ativar sua fé para a cura do câncer terminal. Decidindo-se a confiar em Deus para receber a cura, ela também decidiu não tomar mais nenhum remédio. Os médicos estavam lhe dando analgésicos para diminuir o desconforto enquanto aguardavam sua morte. Depois de interromper a medicação, a dor se tornou tão intensa que Lake e outro ministro ficaram ao lado dela continuamente, uma vez que ela sentia certo alívio quando eles oravam.

Certa manhã, depois de ir para casa por um curto período, Lake estava a duas quadras da casa daquela senhora quando ouviu seus gritos de dor. Sem entender o que estava fazendo, ele correu para onde ela estava e a tomou nos braços. Enquanto a segurava e chorava, ela foi completamente curada. Que testemunho poderoso da compaixão de Jesus, do amor de Deus envolvendo uma pessoa que estava em íntima comunhão com Ele, permitindo que a cura viesse sobre outra pessoa![3]

Recentemente fui tocado pelo amor de Cristo pelo mundo muçulmano. Enquanto orava com um grupo de intercessores com quem costumo orar regularmente, o Espírito Santo começou a se mover sobre nós. O coração Dele por aquelas pessoas preciosas que estão presas no labirinto do engano islâmico foi transmitido a nós. Intercedemos fervorosamente por eles "tomando o seu lugar".

A propósito, Sam Brassfield, meu querido amigo e um de meus pais espirituais, me disse por vários anos que ele acreditava que Deus um dia me usaria para penetrar com a pregação do Evangelho em algumas das nações árabes. Acreditei e aceitei o que ele disse, embora o "peso" do Senhor em favor deles ainda não me tivesse sido transmitido.

Por favor, não interprete isso mal. Eu me importava com eles, orava por eles, e ofertava dinheiro para alcançá-los. Mas

Deus ainda não havia colocado em meu coração o que eu sabia que um dia viria a mim — o amor apaixonado e consumidor Dele, capaz de transformar uma preocupação em um fardo. A dor do coração! O tipo de amor que Paulo dizia que o constrangia (o tornava "prisioneiro" dele; ver 2 Coríntios 5:14). Simplesmente não era a hora.

Isso começou a acontecer, porém, naquela reunião *paga*. As lágrimas fluíram, clamamos com grande paixão e amor santo, e minha vida começou a mudar. O Espírito de Cristo começou a penetrar o meu coração, assim como o coração daqueles que estavam orando comigo. A intercessão fluiu enquanto clamávamos pela salvação deles. *A dor da intercessão!*

Depois que tive essa experiência por algum tempo, o Espírito Santo falou claramente ao meu coração, dizendo-me para fazer com que meu livro *Oração Intercessória* fosse traduzido para o árabe. Rapidamente pegamos um exemplar do livro, o colocamos diante de nós, e impusemos nossas mãos sobre ele enquanto a intercessão continuava. Mais uma vez, as lágrimas fluíram e rios de intercessão se derramavam enquanto esse fardo era "colocado sobre" nós. Agora comecei a levantar os recursos necessários para fazer isso, e não tenho dúvidas de que serei usado de outras maneiras para alcançar o mundo muçulmano.

Essa é a compaixão de Cristo, que resulta no fardo do Senhor sendo carregado e liberado... *paga*... intercessão.

Paulo sentiu isso pelos judeus em Romanos 9:1-3 quando disse:

> Digo a verdade em Cristo, não minto; minha consciência o confirma no Espírito Santo: tenho *grande tristeza* e *constante*

angústia em meu coração. Pois eu até desejaria ser amaldiçoado e separado de Cristo por amor de meus irmãos, os de minha raça (ênfase do autor).

Mais do que compaixão humana, esse era o amor do grande Sumo Sacerdote no céu fluindo através de um dos Seus sacerdotes representantes na Terra. Epafras sentiu isso pelos crentes de Colossos, que estavam sendo levados ao engano:

> Epafras, que é um de vocês e servo de Cristo Jesus, envia saudações. Ele está sempre batalhando por vocês em oração, para que, como pessoas maduras e plenamente convictas, continuem firmes em toda a vontade de Deus. Dele dou testemunho de que se esforça muito por vocês e pelos que estão em Laodicéia e em Hierápolis.
>
> — COLOSSENSES 4:12,13 (ÊNFASE DO AUTOR)

Mais uma vez, esse é o amor de Cristo fluindo através de uma pessoa com a finalidade da intercessão — "tomar o lugar de outro" em oração.

Jesus, enquanto ministrava em Seu corpo terreno, estava cheio de compaixão por Lázaro e por suas duas irmãs, Maria e Marta. Ele chorou em intercessão por eles, até que Sua *paga* liberou tanto poder divino a ponto da vida e da ressurreição fluírem até o túmulo escuro de Lázaro e encherem o seu corpo morto com nova vida (ver João 11:35-44). Ele agora quer liberar essa compaixão e força de vida por intermédio de nós. Somos as Suas mãos e os Seus pés, e aqueles que expressam o Seu grande amor. Somos Seus representantes na Terra, por meio de quem Ele deseja liberar o poder espiritual da ressurreição.

Conta-se a seguinte história de Francisco de Assis e de como sua vida foi transformada drasticamente:

Nascido em uma rica família italiana, Francesco de Pietro Berardone parecia destinado a uma vida de abundância. Entretanto, tudo mudou certa tarde, quando em um momento transformador, ele cavalgava em seu pônei pela cidade. Ao virar uma esquina, o pônei parou abruptamente e Francisco ficou chocado com o que viu diante dele. Um leproso, com seu corpo parcialmente comido pela doença, estava no caminho. Sentindo náuseas devido à aparência do homem, Francisco deu a volta e pôde voltar para casa.

Mas o Espírito de Deus de repente abriu os olhos de Francisco para as realidades eternas, e quando ele olhou novamente para o leproso, reconheceu sua própria condição espiritual depravada como sendo pior que a lepra do homem moribundo. Ele saltou de seu pônei, abraçou o leproso e beijou suavemente o homem sofredor ao entregar a ele seu saco de ouro. Francisco havia sido batizado com a compaixão de Cristo, e sua vida nunca mais seria a mesma. Ele se entregou ao seu Salvador fora da cidade de Assis, e continuou sua vida de compaixão, tornando-se um dos guerreiros espirituais mais notáveis da história. [4]

Francisco de Assis era um ser humano como você e eu. Mas ele permitiu que o grande Amado do universo penetrasse sua alma humana. Ele foi apresentado à dor da intercessão, quando o fardo daquele leproso digno de pena foi colocado sobre ele. Lake, Eastman, Paulo, e tantos outros homens usados poderosamente por Deus neste alto chamado da intercessão fizeram o mesmo. E você também pode fazê-lo.

Milhões de leprosos espirituais estão esperando que alguém os toque com o amor de Deus. Precisamos saltar dos nossos "pôneis" confortáveis e cair de joelhos, permitindo que a compaixão de Cristo se torne a nossa compaixão. Ele quer beijar a humanidade sofredora com Seus lábios de cura.

Preciso adverti-lo de que esse é um ministério de alto preço. Uma tentativa superficial e casual de preocupação não será aceitável para Deus. Ele está procurando por aqueles que realmente se importam. Na verdade, Deus prefere a fria indiferença à hipocrisia morna (ver Apocalipse 3:15,16).

Se permitir que Cristo toque você com o Seu coração apaixonado, Ele o transformará em um prisioneiro do amor. Sua vida mudará: atitudes, estilo de vida, sua maneira de gastar o tempo e o dinheiro, as coisas em que você pensa, seus alvos e planos — tudo mudará.

Mas os benefícios superarão em muito toda a dor. Você se tornará alguém que transforma vidas e faz história. Será parceiro do maior Amor que o mundo já conheceu. Ele olhará por meio dos seus olhos, ouvirá por meio dos seus ouvidos, tocará por intermédio das suas mãos, e amará por meio do seu coração partido, mas realizado. A dor da intercessão se tornará o prazer da intercessão.

Suba a montanha com Cristo! Você pode chegar ao topo! Tome a sua cruz, permita que os fardos de outras pessoas sejam colocados sobre você, e carregue-os até o Pai. Ele se encontrará com você e também se encontrará com eles, e o poder da cruz será liberado.

Pensando bem, talvez eu suba o Pico Pikes.

Vamos fazer esta oração juntos:

Pai, quero ser tocado pelo Teu coração. Ajuda-me a sentir o Teu amor por Susan [insira o nome da pessoa por quem você está orando]. A Tua Palavra diz: "Se um membro sofre, todos os membros sofrem com ele". Estou disposto a ter este fardo colocado sobre mim para que eu possa orar com a Tua compaixão. Por favor, toca o seu coração sofredor Pai, e traz paz a ela em meio a esta tempestade. Dá-lhe uma grande graça à medida que ela depender de Ti para ter força. Torna muito real para ela a promessa de poder lançar todos os seus cuidados sobre Ti porque Tu a amas muito. Na autoridade de Cristo é que eu Te peço, Amém.

Você Entendeu?

●

1. O que significa "a dor da intercessão"?

2. Cite e comente alguns versículos que nos instruem a levar as cargas uns dos outros.

3. Como é possível recebermos a compaixão de Cristo?

4. Você está disposto a subir a montanha?

O Prazer da Intercessão

doro passar um tempo na floresta. Sentado, andando, de pé — realmente não importa muito — simplesmente amo estar ali. Deus e eu passamos centenas, provavelmente milhares de horas desfrutando a presença um do outro nesses "Hebrons" silenciosos.

Lembro-me de uma ocasião dessas. Eu estava andando silenciosamente, adorando em meu interior com uma música de adoração tranquila no meu walkman. Naquela ocasião, assim como ocorrera em muitas outras, parecia que eu havia entrado direto na presença de Deus. Estávamos realmente andando juntos.

Quando virei uma curva na trilha e cheguei ao topo de uma pequena subida, deparei-me face a face com três cervos. Parei imediatamente, não querendo assustá-los, e eles olharam para mim sem alarme e continuaram seu pacífico passeio. Aquele foi para mim como um instante congelado no tempo.

No instante em que parei, um hino chamado "Em Momentos como Este" começou a tocar no meu walkman. Fiquei paralisado, ouvindo aquele coral de adoração, saboreando com Deus aquele momento dado por Ele. Enquanto eu o adorava em silêncio, desfrutando Sua companhia e a cena que Ele preparou para mim tão graciosamente, percebi o quanto ela havia sido especial para Ele também.

Os cervos? Bem, eles simplesmente olhavam para mim de vez em quando, como se dissessem: "Tudo bem. Nós também O conhecemos".

Tive muitos encontros assim com Deus — em florestas, em carros, em salas de oração, até em shoppings lotados. Mal posso esperar pelo próximo. Neste capítulo sobre *o prazer da intercessão*, quero levá-lo de volta para onde começamos: a alegria de ser parceiro do seu Pai e Amigo.

Pedi a alguns amigos que me ajudassem compartilhando com você os pensamentos deles sobre o prazer da intercessão. Acho que você será abençoado e inspirado por aquilo que eles têm a dizer.

Timmerle DeKeyser, um amigo e intercessor pessoal para mim e minha família e ministro de oração na igreja que pastoreio, disse o seguinte:

> Para mim, intercessão é exatamente como servir a um Rei. Posso ser convocado para entrar na Sua presença a qualquer hora do dia ou da noite. Quando atendo ao Seu chamado para entrar no Seu palácio, Ele compartilha comigo os fardos secretos que estão no Seu coração, e eu me vejo chorando com Ele. Que tremendo privilégio ter comunhão de coração para coração com o Rei dos reis! Conhecê-lo neste lugar de intimidade é um tesouro que não se pode mensurar.
>
> Às vezes, sinto meu coração arder com Sua ira diante de uma situação injusta, e também já senti a alegria avassaladora da vitória quando Ele derrotou Seus inimigos.

Mas o maior prazer de todos é conhecer a profundidade do Seu amor. À medida que oro e apresento outras pessoas diante do Seu trono de graça, sinto uma intensidade de amor que está além da minha própria compreensão, enquanto a maneira como Ele ama a cada um é transmitida a mim.

De vez em quando, vencido por uma profunda sensação de êxtase, deito no chão por horas diante Dele. Incapaz de falar, por vezes chorando baixinho, sinto um amor tão profundo que é impossível descrever. *Deus é amor.*

Acredito que esta é a recompensa Dele para nós, Seus intercessores: Ele nos leva a um aprofundamento tão tremendo na Sua presença que é difícil sair dessa posição. É como uma pequena prévia de Apocalipse 4 e 5. Como eu poderia viver de qualquer outra maneira? Não consigo mais ver graça nas coisas comuns. Estou apaixonado por um Rei.

Poderoso, não é mesmo? Esse tipo de intimidade está disponível a você também. Outro dos meus intercessores pessoais, Julie Whitney, compartilhou o seguinte:

Um dos prazeres da intercessão que empolga meu coração é a esfera de intimidade que ela cria no meu relacionamento com o Senhor. É uma linha de comunicação de mão dupla: ida e volta. Uma imagem que o Senhor me mostrou certa vez foi a de nós dois nos encontrando na mesa de um pequeno café em Paris, França. Eu costumo me lembrar dessa imagem nos momentos de oração. Nós nos sentamos juntos nessa mesa, de frente um para o outro. Então Ele diz ao meu ouvido por qual motivo quer que eu interceda, clame ou decrete, e eu obedeço. Ele pode falar sobre uma pessoa, uma igreja, uma nação ou uma situação. Não sou eu determinando a minha própria agenda, mas sim uma conversa íntima entre nós dois.

O Senhor quer nos revelar os Seus segredos íntimos e o que está no Seu coração realizar. Com propósito, objetivo e autoridade, nós então declaramos aquilo que o ouvimos dizer.

Uma frase de certa música diz: "Quando eu encontrar a alegria de chegar ao Seu coração". Um dos prazeres da intercessão é alcançar o coração do Senhor e orar segundo o que há nele.

O prazer da intercessão é estar na presença do Senhor. E quando estou na presença Dele, sou transformada e conformada à Sua imagem. Vejo a palavra "agradar" dentro da palavra "agradável". O agradável da intercessão é que agradamos ao Senhor ao trabalharmos junto com Ele. O Salmo 103:21 afirma: "Bendizei ao Senhor, todos os seus exércitos celestiais, vós ministros seus, que executais o seu prazer" (KJV).

Julie é uma poderosa intercessora e, como você pode ver, o poder dela flui da sua intimidade com o Pai.

Judy Ball também é uma intercessora usada grandemente pelo Senhor. Sendo uma guerreira poderosa, ela também conhece o prazer da intercessão:

A Palavra de Deus é a verdade. A obra da intercessão, por intermédio do Corpo de Cristo na Terra, extrai o poder do céu para fazer obras maiores que as de Jesus. Alegro-me muito em saber que em toda tribo, língua e nação (ver Apocalipse 7:9) há irmãos e irmãs que estão intercedendo por meio da direção do Espírito Santo. Sou uma pequena parte dessa obra maior de poder liberado por intermédio da oração.

Tenho grande prazer em ser um vaso que provoca esse encontro entre o céu e a Terra. Uma grande humildade, alegria e êxtase decorrem dessas experiências. O prazer da intercessão se torna uma grande realização enquanto famílias, amigos, líderes e nações são beneficiados.

A compreensão de que, como intercessora de Cristo, posso tocar o coração do nosso Pai no céu me dá grande prazer. Ao orar segundo o Seu coração, são realizadas muitas coisas que de outra forma não ocorreriam. A chave para isso acontecer é ser obediente para ouvir e obedecer enquanto sacrifico todo o meu ser para orar: "Venha o Teu reino, seja feita a Tua vontade". A intercessão tornou-se um persistente hábito de viver na presença de Deus. E "na Sua presença há plenitude de alegria" (Salmo 16:11, ARA).

Bobbye Byerly é uma querida amiga e intercessora pessoal. Ela é a personificação da oração. Vejo Jesus em seu rosto e o ouço através da Sua voz. Somente os céus conhecem o incrível fruto de sua vida como intercessora.

O prazer da Sua presença é a minha maior alegria e a minha mais alta recompensa. Tenho sido uma intercessora desde 1970. Um dia, nosso pastor me parou e disse: "Bobbye, Deus me mostrou que Ele lhe deu o dom do ministério de intercessão. Você poderia orar por mim diariamente?".

Olhei para ele e disse: "O que é intercessão?". Quando ele começou a explicar, respondi: "Ah, é assim que eu desfruto a presença de Deus. Eu não sabia que havia um nome para isso".

Passei mais tempo no meu quarto secreto do que em qualquer outro lugar. Simplesmente amo me encontrar com Deus. Estou sob Suas ordens para liberar os Seus propósitos de acordo com a Sua determinação. Às vezes, sinto-me como Isaías quando disse: "Também ouvi a voz do Senhor, que dizia: A quem enviarei, e quem há de ir por nós? Então disse eu: 'Eis-me aqui, envia-me a mim'".

Que privilégio expressar alguns de meus anseios profundos para o Senhor de todo o universo! Com que ternura Ele se inclina sobre a varanda do céu e nos atrai para Si. Que Deus possa continuar a nos cortejar para nos levar à Sua presença. Aqueles que andam no temor do Senhor conhecerão o seu Deus, e Ele revelará segredos e mistérios aos Seus amigos (intercessores), aqueles que guardam a Sua aliança.

Experimentamos o verdadeiro prazer da intercessão quando o reconhecimento de Jesus em nossa vida faz com que outros se encontrem com Deus, como compartilha Quin Sherrer em seu livro *Good Night, Lord* (Boa Noite, Senhor):

Naquela noite de domingo, em uma despedida não planejada, o pastor deixou que ela se dirigisse à congregação falando ao microfone. A menina tinha apenas treze anos.

"Passei alguns meses aqui, na casa de detenção", a menina admitiu. "Mas nos finais de semana tenho sido autorizada a visitar a casa de alguns de vocês. Vocês me alimentaram e me vestiram e, o que é melhor, me apresentaram a Jesus. Agora estou reabilitada e pronta para voltar para minha cidade — meu lar. Mas estou tão impactada com o que Jesus fez por mim, que quero agradecer a Ele".

Ela levantou um dedo e apontou para a plateia. "Embora eu queira agradecer a Jesus, lembro-me de que vocês são Ele aqui, então vou agradecer a vocês". Não havia praticamente um único par de olhos secos no santuário enquanto ela continuava apontando seu pequeno dedo para várias pessoas que haviam demonstrado o amor de Jesus a ela de forma prática.

Casa. Ela estava indo para casa. Aquilo agora tinha dois significados: um verdadeiro lar com pais e, algum dia, um lar eterno com seu Pai celestial.

Depois daquela despedida pública, nosso pastor fez dúzias de placas para dar a qualquer família da igreja que desejasse ter uma. Na placa estavam inscritas as palavras: "Você é Ele aqui". Muitos de nós as penduramos em nossas casas como um lembrete de que somos os representantes de Cristo para qualquer pessoa que entre em nossa casa.

Teresa de Ávila, uma freira do século XVI, escreveu: "Cristo não tem mãos na Terra, a não ser as suas. Ele não tem pés na Terra, a não ser os seus; não tem olhos de compaixão na Terra, a não ser os seus. Ele não tem um corpo na Terra, a não ser o seu".

Você é Ele aqui![1]

Sim, você é. Desfrute esse fato. Muitos momentos maravilhosos lhe esperam à medida que você entrar em parceria com Jesus. Testemunhos serão escritos, destinos serão moldados, e a eternidade será diferente para muitos porque você descobriu o prazer da intercessão.

Aproveite a jornada!

Notas Finais

Capítulo Um: A Prioridade da Intercessão

1. Craig Brian Larson, *Contemporary Illustrations for Preachers, Teachers and Writers,* (Grand Rapids, MI: Baker, 1996), pág. 70.

2. Alice Gray, *Stories for a Faithful Heart* (Portland, OR: Multnomah, 2000), adaptado das pp. 69-70.

3. Pauline Youd, *Decision*, March 1992, pág. 39.

4. Ken Gaub, *God's Got Your Number* (Kingwood, TX: Hunter Books, 1984), adaptado das págs. 83-84.

5. Quin Sherrer and Ruthanne Garlock, *How to Pray for Your Family and Friends,* (Ann Arbor, MI: Servant, 1990), adaptado das págs. 67-68.

6. História enviada por emails de diversas fontes.

Capítulo Dois: O Plano da Intercessão

1. Conforme citado em Paul E. Billheimer, *Destined for the Throne* (Fort Washington, PA: Christian Literature Crusade, 1975), pág. 51.

2. C. Peter Wagner, *Confronting the Powers* (Ventura, CA: Regal, 1996), pág. 242.

3. Jack Canfield, Mark Victor Hansen, Patty Aubery e Nancy Mitchell Autio, *Chicken Soup for the Christian Family Soul* (Deerfield Beach, FL: Health Communications, 2000), adaptado das págs. 64-67.

4. Palavra hebraica: *mashal*.

5. Palavra hebraica: *nathan*.

6. Palavra hebraica: *shamar*.

7. Quinn Sherrer e Ruthanne Garlock, *How to Pray for Your Family and Friends* (Ann Arbor, MI: Servant, 1990), págs. 58-59.

Capítulo Três: A Pessoa da Intercessão

1. Palavra grega: *tetelestai*.

2. Palavra grega: *luo*.

Capítulo Quatro: O Propósito da Intercessão

1. Palavra grega: *pro-orizo*.

2. Francis Brown, S. R. Driver, e Charles A. Briggs, *The New Brown-Driver, Briggs-GeseniusHebrewand English Lexicon* (Peabody,MA:Hendrickson, 1979), pág. 803.

3. Adaptado de Gary Lane, "Revival in Ethiopia," conforme exibido na internet, newsstand www.700club.org em outubro de 1999.

4. *The Consolidated Webster Encyclopedic Dictionary* (Chicago: Consolidated, 1954), pág. 384.

5. Gordon Lindsay, *25 Objectives to Divine Healing and the Bible Answers* (Dallas, TX: Christ For the Nations, 1973), 31, 32.

6. Alice Gray, *Stories for a Faithful Heart* (Portland, OR: Multnomah, 2000), adaptado das págs. 207-211.

Capítulo Cinco: O Prêmio da Intercessão

1. R. A. Torrey, *How to Pray* (Springdale, PA: Whitaker House, 1983), pág. 20.
2. Oswald J. Smith, *The Passion for Souls* (Burlington, IN: Welch, 1984), pág. 33.
3. Dick Eastman, *Love on Its Knees* (Tarrytown, NY: Chosen, 1989), adaptado da pág. 18.
4. Ibid., adaptado das págs. 18-19.
5. Palavra grega: *kalupsis* é "véu"; *apokalupsis* é "revelação".
6. Charles G. Finney, *Revival Lectures* (Old Tappan, NJ: FlemingH. Revell, n.d.), págs. 99-100.
7. Palavra grega: *hupsoma*.
8. Kenneth E. Hagin, *The Art of Intercession* (Tulsa, OK: Rhema Bible Church, 1980), pág. 47.
9. Palavra grega: *noema*.
10. Quin Sherrer e Ruthanne Garlock, *A Woman's Guide to Spiritual Warfare*, (Ann Arbor, MI: Servant, 1991), adaptado das págs. 45-46.
11. Palavra hebraica: *rachaph*.
12. Clarence W. Hall, *Miracle in Cannibal Country* (Costa Mesa, CA: Gift Publications, 1980), adaptado das págs. 19-21.

Capítulo Seis: O Lugar da Intercessão

1. Ken Gaub, *God's Got Your Number* (Kingwood, TX: Hunter Books, 1984), adaptado das págs. 1-10.
2. Edward K. Rowell, *Fresh Illustrations for Preaching and Teaching* (Grand Rapids, MI: Baker, 1997), pág. 165.

3. Thetus Tenney, *Prayer Takes Wings* (Ventura, CA: Renew, 2000), adaptado da pág. 92.

Capítulo Sete: A Proteção da Intercessão

1. Dick Eastman & JackHayford, *Living and Praying in Jesus'Name* (Wheaton, IL:Tyndale, 1988), p'ag. 52.
2. Ibid., adaptado das págs. 13-14.
3. Gordon Lindsay, *Prayer That Moves Mountains* (Dallas,TX: Christ For the Nations, revisado em1994), adaptado da pág. 39.
4. Palavra grega: *kairos*.
5. Palavra hebraica: *eth*.
6. Oral Roberts, *A Prayer Cover over Your Life* (Tulsa, OK: Oral Roberts, 1990), adaptado das págs. 10-11.
7. Quin Sherrer, *Listen, God Is Speaking to You* (Ann Arbor,MI: Servant, 1999), págs. 148-149.
8. Eastman & Hayford, pág. 129.
9. *The International Standard Bible Encyclopedia*, (Grand Rapids, MI: Eerdmans, 1986), 4:964.
10. E.M.Bounds, *The Necessity of Prayer* (Springdale, PAWhi-takerHouse, 1984), pág. 7.

Capítulo Oito: O Poder da Intercessão

1. Jane Rumph, *Stories from the Front Lines* (Grand Rapids, MI: Chosen, 1996), adaptado das págs. 187-191.
2. Dutch Sheets, *Intercessory Prayer* (Ventura, CA: Regal, 1996), pág. 180.
3. Dudley Hall, *Incense and Thunder* (Sisters, OR: Multnomah, 1999), pág. 27.

4. Esther Ilnisky, *Let the Children Pray* (Ventura, CA: Regal, 2000), págs. 103-104.

5. Palavra grega: *mega.*

6. C. Peter Wagner, *Blazing the Way* (Ventura, CA: Regal, 1995), págs. 165-166.

7. Rumph, pág. 180.

8. Ibid., adaptado das págs. 181-185.

9. Palavra grega: *anaideia.*

10. Palavra grega: *sunantilambanomai.*

11. Kenneth E. Hagin, *The Art of Intercession* (Tulsa, OK: Rhema Bible Church, 1980), adaptado da pág. 29.

12. Também acredito que isto inclui orar em línguas.

13. *New Webster's Dictionary and Thesaurus of the English Language* (New York: Lexicon, 1991), s.v. "sinergismo".

14. Palavra grega: *sunergos.*

15. Gordon Lindsay, *Prayer That Moves Mountains* (Dallas, TX: Christ For the Nations, revisado em 1994), adaptado da pág. 67.

Capítulo Nove: A Perseverança da Intercessão

1. George Müller, *Release the Power of Prayer* (New Kensington, PA: Whitaker House, 1999), pág. 143.

2. Craig Brian Larson, *Choice Contemporary Stories and Illustrations* (Grand Rapids, MI: Baker, 1998), pág. 204.

3. Palavra grega: *chronos.*

4. Palavra grega: *kairos.*

5. Palavra grega: *pleroo.*

6. Larson, *Choice Contemporary Stories and Illustrations,* pág. 169.

7. Paul E. Billheimer, *Destined for the Throne* (Fort Washington, PA: Christian Literature Crusade, 1975), pág. 107.

8. Jane Rumph, *Stories From the Front Lines* (Grand Rapids, MI: Chosen, 1996), adaptado das págs. 33-35.

9. Gordon Lindsay, *Prayer That Moves Mountains* (Dallas, TX: Christ For the Nations, revisado em 1994), adaptado das págs. 104-105.

10. S. D. Gordon, *What It Will Take to Change the World* (Grand Rapids, MI: Baker, 1979), adaptado das págs. 42-45.

Capítulo Dez: A Intercessão Pró-Ativa

1. Abordo este tópico em maiores detalhes no meu livro *Watchman Prayer* (Ventura, CA: Regal, 2000).

2. Palavras hebraicas: *natsar; shamar; tsaphah.*

3. Palavras gregas: *gregoreuo; agrupneo.*

4. Palavra grega: *agnoeo.*

5. Palavra grega: *noema.*

6. Palavra grega: *pleonekteo.*

7. Sheets, *Watchman Prayer*, págs 19-20.

8. Edward K. Rowell, *Fresh Illustrations for Preaching and Teaching* (Grand Rapids, MI: Baker, 1997), pág. 146.

9. Eddie Smith, *Help! I'm Married to an Intercessor* (Ventura, CA: Renew, 1998), págs. 35-36.

10. Elmer L. Towns, *Praying the Lord's Prayer for Spiritual Breakthrough* (Ventura, CA: Regal, 1997), adaptado da pág. 184.

11. Cindy Jacobs, *The Voice of God* (Ventura, CA: Regal, 1995), págs. 176-78.

12. Elizabeth Alves, *Becoming a Prayer Warrior* (Ventura, CA: Renew, 1998), págs. 29- 30.

Capítulo Onze: Intercessão de Proclamação

1. Palavra grega: *rhema*.
2. Palavra grega: *homologia*.

Capítulo Doze: A Dor da Intercessão

1. Dick Eastman, *Love on Its Knees* (Tarrytown, NY: Chosen, 1989), adaptado das págs. 35-37.
2. Ibid., pág. 28.
3. Kenneth E. Hagin, *The Art of Intercession* (Tulsa, OK: Rhema Bible Church, 1980), adaptado das págs. 42-43.
4. Eastman, *Love on Its Knees* , adaptado das págs. 26-27.

Capítulo Treze: O Prazer da Intercessão

1. Quin Sherrer, *Good Night, Lord* (Ventura, CA: Regal, 2000), pág. 193.

Bibliografia

Alves, Elizabeth. *Becoming a Prayer Warrior.* Ventura, CA: Renew, 1998.

Billheimer, Paul E. *Destined for the Throne.* Fort Washington, PA: Christian Literature Crusade, 1975.

Bounds, E. M. *The Necessity of Prayer.* Springdale, PA: Whitaker House, 1984.

Brown, Francis, S. R. Driver and Charles A. Briggs. *The New Brown-Driver, Briggs-Gesenius Hebrew and English Lexicon.* Peabody, MA: Hendrickson, 1979.

Canfield, Jack, Mark Victor Hansen, Patty Aubery and Nancy Mitchell Autio. *Chicken Soup for the Christian Family Soul.* Deerfield Beach, FL: Health Communications, 2000.

The Consolidated Webster Encyclopedic Dictionary. Chicago: Consolidated, 1954.

Eastman, Dick. *Love on Its Knees.* Tarrytown, NY: Chosen, 1989.

Eastman, Dick, and Jack Hayford. *Living and Praying in Jesus' Name.* Wheaton, IL: Tyndale, 1988.

Finney, Charles G. *Revival Lectures.* Old Tappan, NJ: Fleming H. Revell, n.d.

Gaub, Ken. *God's Got Your Number.* Kingwood, TX: Hunter Books, 1984.

Gordon, S.D. *What It Will Take to Change the World.* Grand Rapids, MI: Baker, 1979.

Gray, Alice. *Stories for a Faithful Heart.* Portland, OR: Multnomah, 2000.

Hagin, Kenneth E. *The Art of Intercession.* Tulsa, OK: Rhema Bible Church, 1980.

Hall, Clarence W. *Miracle in Cannibal Country.* Costa Mesa, CA: Gift Publications, 1980.

Hall, Dudley. *Incense and Thunder.* Sisters, OR: Multnomah, 1999.

Ilnisky, Esther. *Let the Children Pray.* Ventura, CA: Regal, 2000.

The International Standard Bible Encyclopedia, vol. 4. Grand Rapids, MI: Eerdmans, 1986.

Jacobs, Cindy. *The Voice of God.* Ventura, CA: Regal, 1995.

Larson, Craig Brian. *Choice Contemporary Stories and Illustrations.* Grand Rapids, MI: Baker, 1998.

——————. *Contemporary Illustrations for Preachers, Teachers and Writers*. Grand Rapids, MI: Baker, 1996.

Lindsay, Gordon. *Prayer That Moves Mountains*. Dallas, TX: Christ For the Nations, revised 1994.

——————. *25 Objectives to Divine Healing and the Bible Answers*. Dallas, TX: Christ For the Nations, 1973.

Muller, George. *Release the Power of Prayer*. New Kensington, PA: Whitaker House, 1999.

New Webster's Dictionary and Thesaurus of the English Language. New York: Lexicon, 1991.

Roberts, Oral. *A Prayer Cover over Your Life*. Tulsa, OK: Oral Roberts, 1990.

Rowell, Edward K. *Fresh Illustrations for Preaching and Teaching*. Grand Rapids, MI: Baker, 1997.

Rumph, Jane. *Stories from the Front Lines*. Grand Rapids, MI: Chosen, 1996.

Sheets, Dutch. *Intercessory Prayer*. Ventura, CA: Regal, 1996.

——————. *Watchman Prayer*. Ventura, CA: Regal, 2000.

Sherrer, Quin. *Good Night, Lord*. Ventura, CA: Regal, 2000.

——————. *Listen, God Is Speaking to You*. Ann Arbor, MI: Servant, 1999.

Sherrer, Quin, & Ruthanne Garlock. *A Woman's Guide to Spiritual Warfare*. Ann Arbor, MI: Servant, 1991.

——————. *How to Pray for Your Family and Friends*. Ann Arbor, MI: Servant, 1990.

Smith, Eddie. *Help! I'm Married to an Intercessor*. Ventura, CA: Renew, 1998.

Smith, Oswald J. *ThePassion for Souls*. Burlington, ON: Welch, 1984.

Tenney, Thetus. *Prayer Takes Wings*. Ventura, CA: Renew, 2000.

Torrey, R. A. *How to Pray*. Springdale, PA: WhitakerHouse, 1983.

Towns, Elmer L. *Praying the Lord's Prayer for Spiritual Breakthrough*. Ventura, CA: Regal, 1997.

Wagner, C. Peter. *Blazing the Way*. Ventura, CA: Regal, 1995.

——————. *Confronting the Powers*. Ventura, CA: Regal, 1996.